Wo gibt's denn sowas?

Schräg!

Sagenhaft!

Blaues Wunder
Himmel & Hölle
Höher

größer, weiter...
das solltest du gesehen haben

Karte

NORDSEE
OSTSEE
DÄNEMARK
POLEN
DEUTSCHLAND
NIEDERLANDE
SCHLESWIG HOLSTEIN
MECKLENBURG VORPOMMERN
BRANDENBURG
NIEDERSACHSEN
SACHSEN ANHALT
Esberg Esbjerg
Vejen
Kolding
Hadersleben Haderslev
Odense
Nyborg
Svendborg
Slagelse
Næstved Næstved
København
Nakskov
Nykøbing Falster
Trelleborg
Ystad
Rønne
Niebüll
Flensburg
Husum
Schleswig
Kiel
Neumünster
Büsum
Itzehoe
Helgoland
Cuxhaven
Stade
Hamburg
Buchholz in der Nordheide
Lüneburg
Lübeck
Bad Doberan
Rostock
Ribnitz-Damgarten
Stralsund
Greifswald
Demmin
Swinemünde Świnoujście
Stettin Szczecin
Greifenhagen Gryfino
Prenzlau
Güstrow
Schwerin
Parchim
Waren (Müritz)
Wittstock/Dosse
Templin
Neuruppin
Eberswalde
Berlin
Frankfurt (Oder)
Fürstenwalde/Spree
Königs Wusterhausen
Lübbenau/Spreewald
Cottbus Chóśebuz
Torgau
Brandenburg an der Havel
Dessau
Stendal
Wittenberge
Salzwedel
Uelzen
Celle
Magdeburg
Bernburg
Halberstadt
Braunschweig
Wolfenbüttel
Einbeck
Hannover
Garbsen
Hameln
Höxter
Detmold
Bielefeld
Lippstadt
Walsrode
Bremerhaven
Bremen
Minden
Osnabrück
Münster
Cloppenburg
Oldenburg
Wilhelmshaven
Papenburg
Emden
Rheine
Enschede
Bocholt
Nimwegen Nijmegen
Borkum
Groningen
Leeuwarden
Drachten
Hoogeveen
Elbe
Weser
Aller
Ems
Oder
Warta
Spree
Rhein
Lippe
1
2
3
4
5
6
7
8
9
10
11
12
14
15
16

1 : 3.300 000
Dresden
Aussig
Ústí nad Labem
Prag
Praha
Chemnitz
Freiberg
SACHSEN
Zwickau
Plauen
Gera
Jena
Weimar
Erfurt
Gotha
Ilmenau
Weißenfels
Brüx
Most
Kladen
Kladno
Karlsbad
Karlovy Vary
Eger
Cheb
Pilsen
Plzeň
Přibram
Příbram
Písek
Tábor
Budweis
České Budějovice
Krumau
Český Krumlov
Klattau
Klatovy
Cham
Linz
Wels
Passau
Regensburg
Straubing
Kelheim
Weiden in der Oberpfalz
Amberg
Bayreuth
Coburg
Bamberg
Schweinfurt
Würzburg
Kitzingen
Nürnberg
Ansbach
BAYERN
Ingolstadt
Neuburg an der Donau
Landshut
Freising
München
Augsburg
Rosenheim
Salzburg
Bad Ischl
Liezen
Waldkraiburg
Garmisch-Partenkirchen
Innsbruck
Kempten (Allgäu)
Ulm
Aalen
Bad Mergentheim
Wertheim
Aschaffenburg
Frankfurt am Main
HESSEN
Gießen
Rüsselsheim am Main
Mannheim
Worms
Heilbronn
Stuttgart
Esslingen am Neckar
BADEN WÜRTTEMBERG
Karlsruhe
Baden-Baden
Villingen-Schwenningen
Konstanz
Zürich
Uster
Basel
Lörrach
Freiburg im Breisgau
Thann
Straßburg
Strasbourg
Zabern
Saverne
Saarburg
Sarrebourg
Lunéville
Nancy
Metz
Saint-Dié-des-Vosges
Gerdsee
Gérardmer
Remiremont
Épinal
Charmes
Mirecourt
Vesoul
Biel
Saarbrücken
Neunkirchen (Saar)
SAARLAND
Kaiserslautern
Neustadt an der Weinstraße
Bad Kreuznach
Idar-Oberstein
Trier
Luxemburg
Luxembourg
Wittlich
RHEINLAND PFALZ
Koblenz
Neuwied
Siegen
Köln
Troisdorf
Aachen
WESTFALEN
Main
Donau
Neckar
Rhein
Mosel
Inn
Salzach
Saale
Weisse Elster
Eger
Moldau
Vltava
Naab
Regnitz
Fulda
Weser
Lahn
Saar
Sûre

Inhalt

Schräge Touren

Skurrile Touren

Skurrile Touren

39

UM DEN STEILSTEN GRASGIPFEL

Seite 168

40

ES WAR EINMAL ... SCHLOSS NEUSCHWANSTEIN

Seite 172

41

SCHWEISSFREI AUF DEN HÖCHSTEN BERG

Seite 176

42

SCHWEISSTREIBEND AUF DEN HÖCHSTEN BERG

Seite 180

43

KARIBISCHES FLAIR IN WEISS-BLAU

Seite 184

44

DER KLEINSTE 1000er DEUTSCHLANDS

Seite 188

45

DER NÖRDLICHSTE GLETSCHER DER ALPEN

Seite 192

46

HÖCHSTER WASSERFALL DEUTSCHLANDS

Seite 196

47

DER KÄLTESTE ORT DEUTSCHLANDS

Seite 200

Schneller, höher, schräger

Wer immer schon mal ins Quiz-TV wollte: Dieser Band bietet das optimale Trainingsprogramm dazu, denn er versammelt die schrägsten Superlative und die unglaublichsten Rekorde Deutschlands – vom Andernach-Geysir bis zur Zugspitze.

Damit sind auf den folgenden Seiten Aha-Erlebnisse am laufenden Band zu erwarten: Wo liegt der nördlichste Punkt des Landes, die dunkelste Region oder die nasseste Gegend? Wo hat der Küstenwind die höchsten Sanddünen aufgehäuft? Wo verortet die EU ihren Mittelpunkt, welche Stadt birgt ein gutes Stück Holland und wo tickt die weltgrößte Kuckucksuhr? Wo lässt sich ein tonnenschwerer Stein ins Wackeln bringen und warum ist am Bodensee ein König so zu sehen, wie Gott ihn schuf?

Es bleibt natürlich nicht beim Staunen, denn die hier präsentierten Gebiete, Orte und Plätze kann man sich allesamt „erwandern“ und das bedeutet: Rucksack packen, Trekkingschuhe schnüren und eine ganz neue Welt entdecken! Bewegung ist ja überall gut und schön, aber wo landet man dabei schon bei den allerältesten Europäern? Wo passiert man die Kinderstube von Christbäumen oder ein Haus, in dem alles auf dem Kopf steht? Wo erklimmt man den höchsten künstlichen Berg des Landes, wo folgt man den Spuren von Dinosauriern und wo spaziert man unter dem Gekreische von Berberaffen herum? Wo wandert man außerhalb der Alpen über

Alpengipfel? Und wo lässt sich, wenn's denn mal sein muss, das älteste deutsche Klo mit Wasserspülung benützen?

Darüber hinaus sind beim Erwandern der hier präsentierten Tourenvorschläge weitere Nebenwirkungen zu erwarten: Wer lange genug trainiert, um den höchsten deutschen Berg von unten bis zum Gipfel zu ersteigen, wird sich künftig einer beneidenswerten körperlichen Kondition erfreuen. Wer die längste Hängebrücke Deutschlands überschritten hat, wird wohl nie wieder von Höhenangst und Schwindelgeühlen geplagt, und Gleiches gilt für einen Klettersteig, der mitten durch Weinberge führt.

Erreichbar sind die meisten Ausgangspunkte dieser schrägen Touren übrigens mit Bahn und Bus und sollte der Fahrplan einmal gar nicht auf Wandernde ausgelegt sein, dann lässt sich inzwischen auch an vielen Stellen Strom aus E-Auto-Ladestationen zapfen. Schadstoffe sparend an- und wieder abzureisen – das vertieft das Erlebnis der Natur und den Genuss kulturell interessanter Orte ganz enorm: So wird aus schnödem Dahinbrausen plötzlich wieder stilvolles Reisen, ganz ohne Verkehrsstress und Stauhorror.

In diesem Sinne wünschen euch die Autor:innen dieses Buches und das Team des KOMPASS-Verlags unvergessliche Erlebnisse auf einigen der schrägsten Touren Deutschlands. Und immer schön neugierig bleiben!

Bizarre Wandersafari

Die Wandertouren einmal gaaaanz anders auszuwählen, Wissenswertes über das Land zu vermitteln und natürlich auch das Schmunzeln nicht zu vergessen – das sind die Ziele dieses Wanderführers. Nun liegt es an dir, dich auf die Socken zu machen!

Begib dich auf die Jagd nach den vorgestellten Seltsamkeiten und Extremen. Wir haben sie in drei Kategorien eingeteilt:

Höher, größer, weiter ...

Wo gibt´s denn sowas?

Sagenhaft!

Wie die Big Five einer Safari kannst auch du Rekorde in ganz Deutschland sammeln. Und wer weiß: Vielleicht ist genau das dabei erworbene Wissen einmal dein Joker bei der Millionenfrage.

Meine Highlights:

Meine schrägsten Touren:

Neues unnützes Wissen:

Deutschlands Nordkap

ZUM **NÖRDLICHSTEN PUNKT** DES LANDES

Sie ist eine Legende: Die Ellenbogenstraße gilt als die nördlichste Chaussee Deutschlands. Allein schon die Anreise durch das Dünengebiet von Sylt ist ein Hochgenuss.

Das großräumige Naturschutzgebiet Nord-Sylt umfasst auf einer Fläche von 1.790 Hektar Deutschlands größte Dünenerhebungen und Wanderdünen sowie die nördlichste Landspitze der Bundesrepublik. Dieses einzigartige Gebiet befindet sich am Spülsaum vor dem beeindruckenden Nehrungshaken Lister Ellenbogen mit seinen kilometerlangen Stränden und Blick auf die dänische Nachbarinsel Rømø.
1923 wurde Nord-Sylt als eine der ersten Regionen an der Nordsee unter Naturschutz gestellt. Der Literaturnobelpreisträger Gerhart Hauptmann schwärmte: „Es ist hier wie auf den Gletschern eines Hochgebirges. Diese Einheit von Schneebergen und weitem Meer schafft einen Anblick von solch erhabenem Geiste, dass mir ist, als habe ich in der Natur nie Ähnliches gesehen."

HÖHER, GRÖSSER, WEITER ...

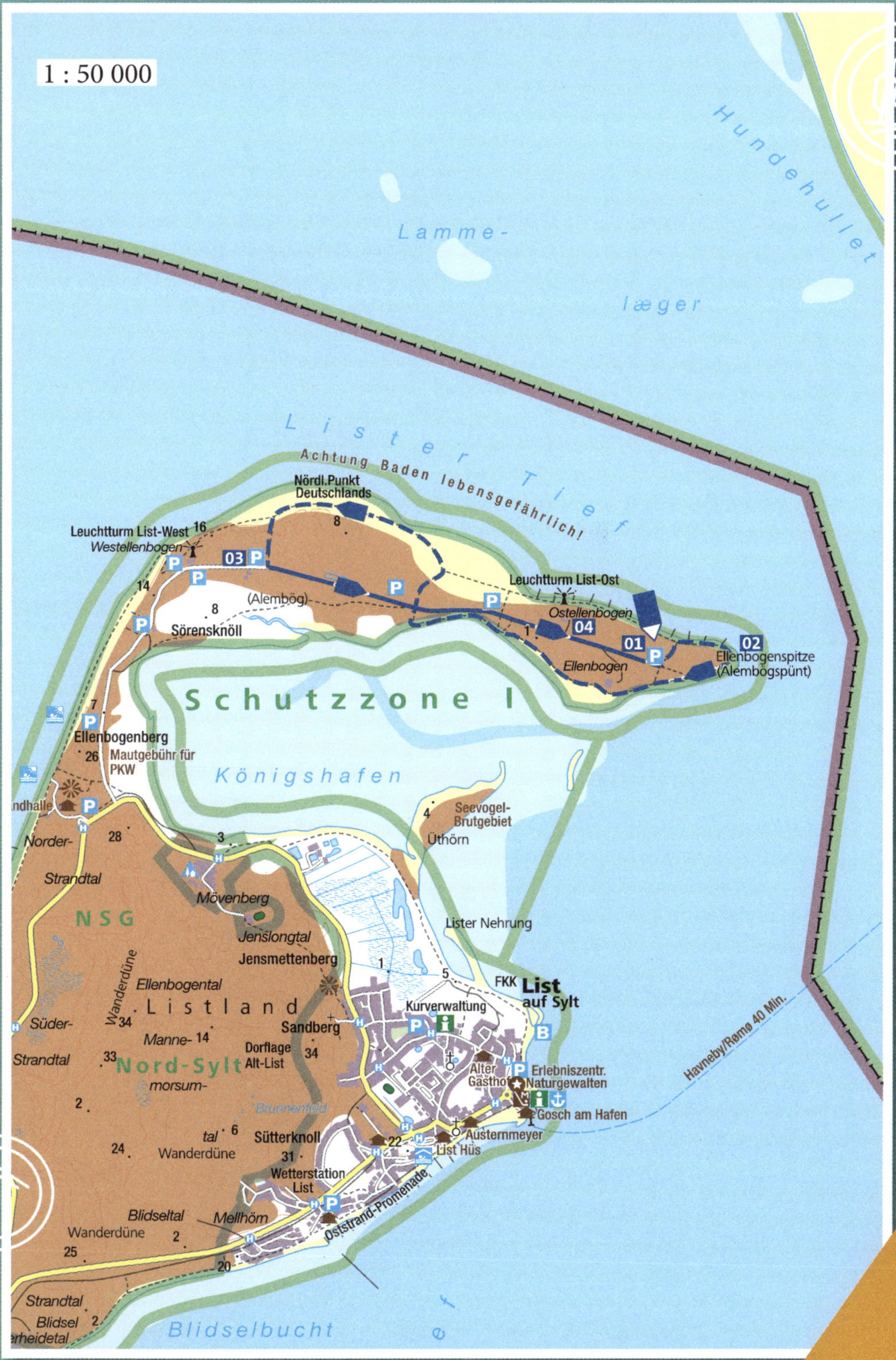
1 : 50 000
Hundehullet
Lamme-
læger
Lister Tief
Achtung Baden lebensgefährlich!
Nördl. Punkt Deutschlands
Leuchtturm List-West
Westellenbogen
(Alembög)
Sörensknöll
Leuchtturm List-Ost
Ostellenbogen
Ellenbogen
Ellenbogenspitze (Alembögspünt)
Schutzzone I
Ellenbogenberg
Mautgebühr für PKW
Königshafen
Seevogel-Brutgebiet
Üthörn
Lister Nehrung
Norder-
Strandtal
NSG
Mövenberg
Jenslongtal
Jensmettenberg
Ellenbogental
Wanderdüne
Listland
Süder-
Strandtal
Manne-
Nord-Sylt
morsum-
tal
Sandberg
Dorflage Alt-List
Brunnenfeld
Sütterknoll
Wanderdüne
Wetterstation List
FKK
List auf Sylt
Kurverwaltung
Alter Gasthof
Erlebniszentr. Naturgewalten
Gosch am Hafen
Austernmeyer
List Hüs
Oststrand-Promenade
Havneby/Rømø 40 Min.
Blidseltal
Mellhörn
Wanderdüne
Strandtal
Blidsel
Blidselbucht

Ellenbogen – Ellenbogenspitze

Leichte Strand- und Deichwanderung. Die Strandwanderroute folgt dem Spülsaum, dort ist das Gehen im Sand passagenweise mühsam.

DISTANZ: **10 KM**
DAUER: **3:00 H**
ANSTIEG: **100 HM**
ANSPRUCH: **LEICHT**

Vom Parkplatz am Ende der Stichstraße Ellenbogen 01 auf dem Ostellenbogen nahe des Leuchtturms List Ost auf der Insel Sylt – bei Deutschlands nördlichstem Haus – führt ein sandiger Weg durch die Dünen zum nördlichsten Sandstrand der Bundesrepublik. Der Spülsaum gibt die Route ostwärts vor mit Blick auf die Nachbarinsel Rømø (deutsch: Röm) und die Wattenmeerküste im deutsch-dänischen Grenzgebiet. Die Luftlinienentfernung zu Rømø beträgt nur etwa sechs Kilometer, doch der Versuch, hinüberzuschwimmen, würde tödlich ausgehen: An den Küsten des Ellenbogen-Hakens wüten Sturmfluten besonders heftig, und „Trekker" (hochdeutsch Zieher, weil sie die Schwimmer wegziehen) genannte Meeresströmungen machen das Schwimmen lebensgefährlich. Baden ist dort deshalb verboten. Wie fast überall auf der Seeseite Sylts weist der Strand eine ausgeprägte Neigung zur Wasserlinie hin auf, was das Wandern im dementsprechend trockenen Sand mühsam macht. Bald ist die Ellenbogenspitze 02 erreicht.

Dort schwingt die Spülsaumroute auf die Wattenmeerseite des Nehrungshakens ein. Zwischen den Häfen List und Havneby auf Rømø pendeln die komfortablen Autofähren, denen viele Nord-Sylt-Urlauber den Vorzug vor dem Autoreisezug geben. Bei Hochwasser jagen zwischen Ellenbogenspitze und Uthörn die Surfer über die Wellen. Naturlehrpfad-Tafeln erläutern an der Spülsaumroute das Leben von Pflanzen und Tieren im Wattenmeer. Am weitesten wird der Sand vor Deutschlands nördlichsten Ferienwohnungen – die Klinkerhäuser des Anwesens Uthörn (benannt nach der gleichnamigen Vogelschutzinsel) wurden ursprünglich als Austernfischereianlage der Biologischen Anstalt Helgoland errichtet. Seit dem Umbau

01

von 1976 beherbergen sie Deutschlands nördlichste Ferienwohnungen.

Nach dem Passieren der Anlandungsstelle schwingt der Spülsaum in die kleine Bucht, an der sich die Surf-Parkplätze befinden. Am Ende der Bucht geht es hinauf zur Ellenbogen-Straße und auf einem Sandweg durch die Dünen zurück an die Nordküste, denn noch haben wir nicht Deutschlands nördlichsten Punkt erreicht. Links hinaus also Richtung Westellenbogen, wiederum am besten am Spülsaum, der Sandstrand ist hier sehr breit, weist kaum Schräge auf und ist gut begehbar. Wir folgen dem Strand noch ein kurzes Stück weiter in Richtung des weißen Leuchtturms List-West **03** (erbaut in den 1850er-Jahren innerhalb der damaligen Grenzen des Königreichs Dänemark, heute das nördlichste Bauwerk Deutschlands) und erklimmen am Übergang 9 die Dünen. Dort bietet sich an der Steilküste ein herrlicher Blick auf den äußersten Norden Deutschlands. Ist man in der Nebensaison unterwegs oder spät abends in den hellen Nächten der Mittsommerzeit, kann man auf der Straße Ellenbogen zum Ausgangspunkt zurückwandern wie auf der Karte eingezeichnet. Während der Saison hingegen herrscht auf der schmalen, holperigen Ellenbogen-Straße zu viel Verkehr und man wandert an der Nordküste zurück. In beiden Fällen sieht man kurz vor Erreichen des Ausgangspunktes den weißen Leuchtturm List-Ost **04**. Das 13 m hohe Leuchtfeuer (eine Besteigung ist nicht möglich) thront auf einer 15 m hohen Düne hart an der Abbruchkante. Aufgrund der Küstenerosion galt es viele Jahre lang als absturzgefährdet – heute ist er wieder stabilisiert.

Küste oder Wüste?

ÜBER DIE **HÖCHSTEN DÜNEN** DEUTSCHLANDS

Was zog schon die ersten Besucherinnen und Besucher auf die Nordseeinsel Amrum? Die ausgedehnten Dünengebiete, die wilden Sandberge, die auf der Seeseite als natürliche Barriere Schutz vor Sturmfluten bieten.

Die Bohlenwege auf Amrum sind eine feste Institution auf der Insel. Notwendig sind sie, da der Bewuchs dieser Dünen empfindlich ist – das Dünengras braucht lange, um sich zu entwickeln, es wurzelt tief und ist doch unerlässlich, um die Dünen zu stabilisieren. Deswegen lautet der touristische Leitsatz der Insel auch: „Dünenschutz ist Inselschutz". Die Dünen sind die Lebensversicherung der Insel; sie müssen erhalten und geschützt werden.
Heute liegt Amrum mitten im größten Nationalpark Deutschlands, der 1985 gegründet wurde und der mittlerweile eine Fläche von über 4.000 Quadratkilometern umfasst. Zudem hat man dieses Naturparadies auch als »UNESCO-Weltnaturerbe Wattenmeer« ausgezeichnet. Und Amrum weist eine ganz besondere Bedeutung für die Tier- und Pflanzenwelt der Nordseeküste auf.

HÖHER, GRÖSSER, WEITER …

1 : 50 000
Amrum
Aad
Ueb'n Aad
N S G
Odde
Seevogelwarte
Ban Remsanj
Schullandheim Ban Horn
Hundestrand
Risum
Surf- und Segelschule Amrum
03
De Strunluuker
Strand 33
Kurheime
Norddorf
Aussichtsplattform Himmelsleiter
Indoor-Spielpl. "Abenteuerland"
Ann-lunn
N S G
Quermarkenfeuer
Kimbrisches Dünendorf
Riesenbett Steingrab
FKK
A Hörn
Vogelkoje Meerum
04
Bearen-deal
Amrumer
Kattarhugh
Wasserw.
01
Salz-wiesen
Nebel
Hundestrand
FKK
Wester-heide
Öömrang-Hüs
Heimatmuseum
N S G
Schullandheim
Kliff
Ual Aanj
02
Strandpirat Amrum
Kniepsandhalle
Kinder-fachklinik
Kniepsand
Satteldüne
Steenodde
Sossaarep's Hüs
Süddorf
Aussichtsdüne
Strandhaus
Dünen
Großdün
Gusskölk
Leuchtturm mit Aussichts-plattform
Großdüne
Camping Amrum
Amrum-Badeland
Aussichtsdüne
FKK
Fam.-Campingplatz
FKK

Nebel – Kniepsand – Norddorf

Leichte Strand- und Kliffwanderung mit nur unerheblichen Zwischenanstiegen.

DISTANZ: **15 KM**
DAUER: **4:15 H**
ANSTIEG: **100 HM**
ANSPRUCH: **LEICHT**

Der Mittelpunkt des Friesendorfs Nebel **01** auf der Insel Amrum ist die Clemens-Kirche mit ihrer altertümlichen Atmosphäre und ihrem Friedhof mit seinen kunstvoll gestalteten, geradezu „sprechenden" Grabsteinen aus der Seefahrerzeit.

Nahe der Kirche liegt in einem Park die Kurverwaltung/Haus des Gastes. Meeskwai und Noorderstrunwai führen vom Ort westwärts durch die Westerheide, nach Queren der Landstraße (hier die Bushaltestelle Westerheide) geht es geradeaus zum Fahrradparkplatz am Wald und stetig aufwärts, bis der sandige Weg nach Durchqueren des Waldgürtels die Aussichtsdüne (22,3 m) erreicht. Dort bietet sich ein Panorama des Kniepsandes und der Amrumer Dünen, zwischen denen weiter südwärts der rotweiße Amrumer Leuchtturm hervorspitzt.

Von der Aussichtsdüne führt der Sandweg hinab zum Kniepsand **02**, einem der großen Sandstrände Nordeuropas.

Bei Niedrigwasser kann es relativ lang dauern, bis der Spülsaum erreicht ist, der die Route nordwärts vorgibt. Drei beliebte Seehundbänke liegen vor der Küste: Jungnamensand, Hörnumknobs und Theeknobs. Vor verschiedenen Strandabschnitten geht es an der Wasserlinie entlang, nach und nach schwingt die Wasserlinie sacht rechts und nähert sich immer mehr den Dünen.

Hier liegt der Norddorfer Strand mit seiner 2010 eingeweihten hölzernen Seebrücke, wo der Naturlehrpfad Dünen startet. In sachtem Anstieg führt er hinauf auf die Dünen, an der ersten Kreuzung leitet ein Bohlenweg rechts weiter zum

Wäldchen im Düüwdääl, wo der Weg zur Aussichtsdüne A Siatler 03, der mit 32 m höchsten Erhebung Amrums, ausgeschildert ist. Von der Aussichtsdüne geht es hinab zur Bushaltestelle Aussichtsdüne und längs der Landstraße kurz rechts, bis der Meeramwai in den Wald abzweigt und zur Vogelkoje Meerum 04 führt. Dieser künstlich angelegte Fanggarten für Enten wird als Reservat für Rastvögel genutzt und kann besichtigt werden. Um einen Teich herum erstreckt sich ein Gehölz aus Pappeln, Erlen, Moorbirken und Weiden.

Von der Vogelkoje geht der Waldweg zurück zur Westerheide und mündet dort in den Tanenwai, der rechts zum bekannten Noorderstrunwai führt. Nun geht es links zurück zur Bushaltestelle Westerheide und zum Ausgangspunkt bei der Kirche des Dorfs Nebel 01.

Himmel & Hölle

DURCH **ZWEI WELTEN** DER LÜNEBURGER HEIDE

Himmlisch wandern? Wer möchte das nicht! Und das in einer höllisch wilden Landschaft? Auch das ist möglich, und zwar in einem der ältesten Naturschutzgebiete Deutschlands, zwischen dem Brunsberg und dem Büsenbachtal.

21,3 Kilometer sind keine kurze Strecke, schon gar nicht, wenn man sie per pedes erwandern möchte. Doch das Attribut »himmlisch« sollte schon Anreiz genug sein, den Rundweg mit dem Namen »Himmel und Hölle« einmal unter die Schuhsohlen zu nehmen. Alle Naturfreund:innen und Outdoorfans werden dort für ihr Durchhaltevermögen belohnt, versprochen! Unterwegs erklimmt man sogar den zweithöchsten Berg der Lüneburger Heide, den stolze 129 Meter hohen Brunsberg. Von dort oben genießt man einen prachtvollen Rundum-Panoramablick über das Tal am Fuße dieser Erhöhung, in dem die Höllenschlucht auf mutige Wandervögel wartet. Sie verbirgt sich im Büsenbachtal, einem Naturwunder inmitten der großen Heidelandschaft in Deutschlands Norden.

SAGENHAFT!

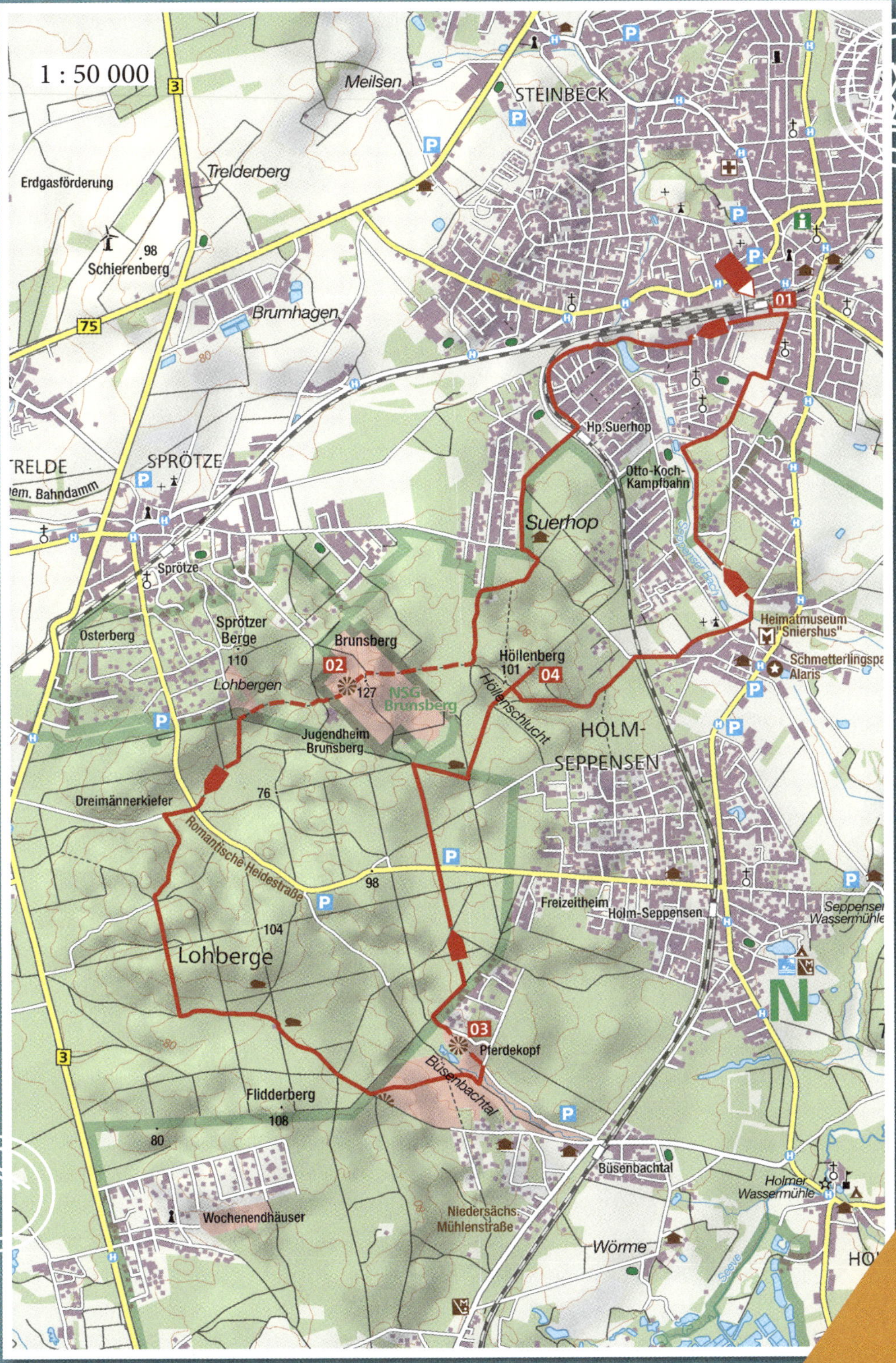
1 : 50 000
Meilsen
STEINBECK
Trelderberg
Erdgasförderung
98
Schierenberg
Brumhagen
75
3
80
TRELDE
SPRÖTZE
gem. Bahndamm
Sprötze
Osterberg
Sprötzer Berge
110
Lohbergen
Brunsberg
02
127
NSG Brunsberg
Jugendheim Brunsberg
Höllenberg
101
04
Höllenschlucht
Hp.Suerhop
Otto-Koch-Kampfbahn
Suerhop
01
Heimatmuseum "Sniershus"
Schmetterlingspa
Alaris
HOLM-SEPPENSEN
Dreimännerkiefer
76
Romantische Heidestraße
98
104
Lohberge
Freizeitheim Holm-Seppensen
Seppenser Wassermühle
N
03
Pferdekopf
Büsenbachtal
Fliddeberg
108
80
Büsenbachtal
Holmer Wassermühle
Wochenendhäuser
Niedersächs. Mühlenstraße
Wörme
Seeve

Himmel & Hölle

Abwechslungsreiche Tagestour auf den Brunsberg und durch das Büsenbachtal. Wunderschöne Landschaft und herrliche Ausblicke inkludiert.

DISTANZ: **21 KM**
DAUER: **5:50 H**
ANSTIEG: **177 HM**
ANSPRUCH: **MITTEL**

Unsere Tour startet beim Bahnhof in Buchholz i. d. Nordheide **01**, ideal um mit den öffentlichen Verkehrsmitteln zum Ausgangspunkt der Wanderung anzureisen. Südlich der Bahngleise folgen wir der Rütgersstraße Richtung Westen, wechseln dann rechter Hand in die Breslauer Straße, die nach etwa 300 m in einen Fußweg übergeht. Dieser Weg führt uns in einem langen Linksbogen zum Drosselweg, an dem wir rechts abbiegen und geradeaus durch ein Waldstück wandern. Dieser Waldweg führt uns an Suerhop vorbei und bringt uns bald wieder auf eine Asphaltstraße. Hier nach rechts abbiegend folgen wir der Straße nur wenige Meter, bevor wir links in einen weiteren Waldweg abbiegen. Mit leichtem Anstieg wandern wir durch die frische Luft des Waldes, biegen an einer Wegkreuzung nochmals rechts ab und folgen dem Weg hinauf auf den Brunsberg **02**, der zweithöchsten Erhebung der Lüneburger Heide. Bei schönem Wetter lässt sich sogar Hamburg erkennen.

Nach diesem ersten Highlight unserer Tour geht es, zuerst durch Heide dann durch Wald, wieder bergab. Nachdem wir für rund 800 Meter dem Weg geradeaus gefolgt sind, biegen wir links und nach weiteren 300 Metern wiederum rechts ab, folgen jenem Weg immer geradeaus, auch nachdem wir die Asphaltstraße überquert haben. An der Weggabelung des Forstweges halten wir uns links und biegen nach etwa 400 m bei erster Gelegenheit wiederum links ab. Schnurgerade und mit leichtem Anstieg wandern wir durch das Waldgebiet des Niedersächsischen Forstamts Rosengarten. Nach einer leichten Rechts- und Linkskurve gelangen wir zu einer Wegkreuzung, an der einige Wege aufeinandertreffen.

Wir wählen jenen Weg, der uns ebenfalls geradlinig Richtung Süden bringt. Nach rund 1 km müssen wir uns an einem quer verlaufenden Weg für eine Richtung entscheiden. Nach links abbiegend führt uns der Weg mit sanften Kurvenverläufen ins Büsenbachtal 03, dem zweiten Highlight unserer Wanderung. Auch hier versprüht die Heidelandschaft ihren besonderen Charme. Der Wanderweg führt uns linker Hand hinunter in das Tal, die Heidekräuter säumen unseren Weg. Am Büsenbach angekommen wandern wir wiederum bergan hinauf zum Pferdekopf, wo sich uns mit dem herrlichen Ausblick ein perfekter Ort für eine Pause bietet. Unweit des Pferdekopfs verläuft der Wanderweg E1, welchem wir rund 500 m Richtung Nordosten folgen, bevor wir nach links abbiegen und geradeaus bis zur nächsten Weggabelung weitergehen. Hier halten wir uns rechts und erreichen in kurzer Zeit die mystische Höllenschlucht und den Höllenberg 04, unser drittes Highlight der Tour. Von hier aus geht es hinunter nach Seppensen, das wir am Ortsrand, vorbei am Friedhof, umwandern.

Nachdem wir den Seppenser Bach überquert haben biegen wir links ab und folgen dem Bachverlauf flussaufwärts, bis wir zur Lohbergenstraße gelangen. Von hier aus folgen wir wiederum dem E1 und erreichen bald den Bahnhof Buchholz i. d. Nordheide 01, unseren Zielpunkt.

Alpentraum im Ostseesaum

»BERGSTEIGEN« IM HOHEN NORDEN

Reethausromantik und Räucherfisch im Gebirge? Doch, das gibt's. Allerdings nur auf der Insel Rügen, wo sich die Zickerschen Alpen bis zu 66 Meter über dem Meeresstrand erheben.

Die sanft hügelige Moränenlandschaft der von vielen Schafen beweideten Zickerschen Alpen schwingt sich eindrucksvoll himmelwärts, zumindest aus der Perspektive von Badenixen und Strandläufern. Wer ein paar Schweißtropfen investiert und das Minigebirge erklimmt, wird mit wundervollen Ausblicken auf den gesamten Südosten Rügens, zur Greifswalder Oie, nach Stralsund und zur Insel Vilm reich belohnt. Zum Baden lockt dagegen das sagenumwobene Nonnenloch, eine gewaltige Erosionsrinne, in die man dereinst angeblich Klosterfrauen, die »sich vergangen hatten«, hinabstürzte. Die Seelen dieser bedauernswerten Frauen sollen heute noch in nächtlicher Finsternis am ansonsten sehr badefreundlichen Meeresufer herumspuken.

WO GIBT'S DENN SOWAS?

1 : 50 000
Mariendorf
Alt Reddevitz
Kliesow's Reuse
Schafberg
Philipshagen
Schulmuseum
Middelhagen
Kleinhagen
Technisches Denkmal Windschöpf-werk
Gr. Lobber See
NSG
Lobbe
Fritz-Worm
Lobber O
Hagensche Wiek
Rügen
Marina Gager
Alte Bootswerft
Gager
Zum Anker
Bakenberg
Rotbuche
Zickersches
Zickerberg
Pfarrwitwen-haus
Kriegerdenkmal
Großer Strand
FKK
Treppe
Höft
Taun Hövt
Stechpalme
Groß Zicker
Kaming
Kirkenort
N S G
Zicker-see
Zickerhöm
Saalsufer
Klein Zicker
Campingplatz Thiessow
Seebad Thiessow
Lotsen-turm
Lotsenberg
Südperd
Godewind
Mönchguter Fischerklause
Endhaken
Thiessower Haken
Landtief
Rugiagrund
01
02
03
04
05

Zickersche Alpen

Leichte, aussichtsreiche Hügel- und Küstenwanderung auf überwiegend nicht fahrradfähigen Pfaden und Wegen.

DISTANZ: **11,5 KM**
DAUER: **3:15 H**
ANSTIEG: **110 HM**
ANSPRUCH: **LEICHT**

Vom Großen Strand 01 folgen wir der Gelbstrich- und Grünstrich-Markierung landeinwärts in Richtung Gager/Groß Zicker, halten uns an der Verzweigung (hier die Bushaltestelle „Abzweig Groß Zicker“) links Richtung Groß Zicker und wechseln gleich darauf rechts hinauf in das Naturschutzgebiet.

Im Krassendal leitet der Pfad aufwärts und erreicht als ersten „Gipfel“ der sogenannten Zickerschen Alpen den Bakenberg 02 (66 m). Sitzbänke laden mit exzellentem Panorama zur Rast. Im Osten sehen wir die Insel Usedom, im Norden das Göhrener Nordperd und die Hügel der Granitz und im Westen Putbus und Bergen. An der wenig später erreichten Kreuzung kann man rechts nach Gager abzweigen, bald darauf ist erneut eine Abstiegsvariante angezeigt, man kann aber auch auf dem Kammweg bleiben und gelangt dann nach Überqueren des Zickerschen Bergs wieder auf die mit „Gelbstrich“ markierte Route.

Auf einer der beiden Hauptwanderrouten steigen wir in das einstige Fischerdorf Gager 03 an der Hagenschen Wiek ab. Am kleinen Bootshafen kann man den Fischern zusehen, wie sie vom Fischfang heimkehren. Von Gager folgen wir dem Hochuferweg („Gelbstrich“) westwärts und gelangen zur Verzweigung oberhalb des Nonnenlochs 04; eine Stufenanlage führt hinab.

Nach diesem Abstecher folgen wir dem Gelbstrich-Weg weiter in das Dorf Groß Zicker 05, eines der am besten erhaltenen ehemaligen Mönchguter Bauerndörfer. Das bekannteste Gebäude ist dort das Pfarrwitwenhaus, ein Lehmfachwerkhaus von 1723. Die Backsteinkirche mit ihren bunten Glasfenstern wurde am Ende des 14. Jahrhunderts errichtet. Auch in Groß Zicker gibt es einen kleinen Fischereihafen, wo man frisch geräucherten Fisch aus der Räuchertonne erwerben kann. Wenig später sind wir zurück am Ausgangspunkt am Großen Strand 01.

Tropical Germany

ZUM **KLEINSTEN ZOO** DEUTSCHLANDS

1.550 Quadratmeter für eine Wohngemeinschaft – das klingt nach einer großzügigen Fläche. Doch es ist nicht irgendeine WG, die man da in Bansin auf der Insel Usedom besuchen kann: Ihre Bewohner sind nämlich ziemlich exotisch.

Etwa 150 Tiere von 70 Arten und dazu rund 120 seltsame Pflanzenarten bevölkern dort den vielleicht kleinsten Zoo Deutschlands. Da krabbelt, klettert, schlängelt, kriecht und flattert es im vielfältigen Terrarienbereich, in der kleinen Tropenhalle und in den Außenanlagen an der Goethestraße des Ostsee-Inselortes, in dem sich mondänen Villen des 19. und 20. Jahrhunderts bis zur Strandpromenade aneinanderreihen. Wer dort flaniert, wähnt sich bald auf einer Reise in längst vergangene Zeiten, in die Welt von Prunk und herrschaftlichem Glanz. Welch einen Gegensatz dazu bildet die tropische Arche Noah im Miniformat, in der die Bemühungen für die Arterhaltung, für Bildung, Unterhaltung und Gemütlichkeit ganz großgeschrieben werden, und das 365 Tage im Jahr. Info: www.tropenzoo-bansin.de.

WO GIBT'S DENN SOWAS?

1 : 50 000
FKK
Langer Berg
54
Mümmelken-see
Langenberg
FKK
03
Seebrücke
La Posada
Hanse-Route
Platter Berg
54
Café Wille
Atlantic Pub
Tropenzoo
02
41
Seebad Bansin
Adlerhorst
Schloonsee
01
Großer Krebssee
Bansin
Villa Irmgard
Buchweizen-grund
Neu Sallenthin
Bansin Dorf
04
Seebrücke
Muschelmus.
Krückenberg
40
19
Usedomer Brauhs.
Alte Buche
Neuhof
Bergmühle
Neuhof
Kaiser-pavillon
Ostseebad Heringsdorf
Sternwarte
Alt Sallenthin
ZOB
Alte Douglasie
Heringsdorf
Museum am Schmiedehaus
Buchfinksberg
31
Steinerner Tisch
Präsidentenberg
46
Gothen-see
Gothen
Ostseetherme
La Brasserie
05
Seebrücke
Suan Thai
Willert
Seebad Ahlbeck
Ahlbeck
06
Beek
Klipphorst
NSG
Brandhorst
Seehof
Gothensee
Zirowberg
60
Hanse-Route
Usedomer Bäderbahn
und Thurbruch
Idyll am Wolgastsee
Tonwerkkeramik
Korswandt
Wolgastsee
Markleineiche
Ulrichshorst
Baltic Hills Golf

Usedom: Flanieren auf der Kaiserbäderpromenade

Einfache Wanderung, für Familien geeignet. Man sollte entsprechend mehr Zeit einplanen, denn Kinder werden unterwegs immer wieder einen Stopp einlegen. Die Rückfahrt ist auch per Schiff möglich.

DISTANZ: **6 KM**
DAUER: **1:30 H**
ANSTIEG: **30 HM**
ANSPRUCH: **LEICHT**

Wir starten die Tour beim Bahnhof von Bansin 01 auf Usedom. Von hier aus führt uns die Seestraße direkt zur Strandpromenade. Nach ungefähr 700 m gelangen wir links auf der Kirchstraße zum circa 100 m entfernten Tropenzoo Bansin 02.

Die Seestraße führt dagegen weiter zum Strand, vor dem links ein kurzer, aber lohnender Abstecher links zur Seebrücke von Bansin 03 führt. Von dort haben wir einen freien Blick über die Ostsee und die Villen im Stil der Bäderarchitektur. Vom Kaiserbad Bansin aus wandern wir in südwestlicher Richtung nach Heringsdorf. Unweit der Strandpromenade in Heringsdorf befindet sich die Villa Irmgard. Sie war einst Wohnstätte zahlreicher prominenter Bewohner wie etwa Maxim Gorki. Heute dient die Villa als Museum für Literatur- und Regionalgeschichte. Weiter der Strandpromenade folgend gelangen wir zu einem schönen Rosengarten und schließlich in das Zentrum des Ostseebades mit der Konzertmuschel und Deutschlands längster Seebrücke 04 (508 m). Architektonisch folgt hier ein Schmuckstück der Bäderarchitektur auf das andere.

Wir folgen der Kaiserpromenade weiter, bis wir schließlich das dritte Kaiserbad, Ahlbeck, erreichen. Auch hier führt eine Seebrücke hinaus auf das Meer. An ihrem Fuße, am Seebrückenplatz, ist die gusseiserne Jugendstiluhr nennenswert, die 1911 von einem Kurgast gestiftet wurde. Die Seebrücke 05 selbst ist noch älter. Sie wurde im

Jahr 1898 erbaut und gilt damit als älteste erhaltene Seebrücke der Ostsee. Für den Rückweg bieten sich drei Varianten an: Wer wieder exakt zum Ausgangspunkt chauffiert werden möchte der wandert durch das Zentrum von Ahlbeck (vorbei am Rathaus) zum Bahnhof Ahlbeck 06 und fährt von dort mit der Usedomer Bäderbahn direkt zum Bahnhof Bansin 01 zurück. Eine schöne Alternative ist die Fahrt mit dem Schiff. An der Seebrücke 05 legen die Schiffe der Reederei Adler ab, die uns bequem wieder in Bansin an der Seebrücke 03 absetzen. Eine dritte Rückweg-Möglichkeit ist einfach barfuß am Strand zurückzulaufen.

06 Mecklenburgische Seenplatte

Hier wird noch gefunkelt

ZUM **DUNKELSTEN ORT** DEUTSCHLANDS

Wer kennt den Polarstern? Die Milchstraße? Die Persiden? Von der Mecklenburgischen Seenplatte bis zum Ostseestrand kann man Sterne und Sternschnuppen am dort noch pechschwarzen Nachthimmel gut sehen.

Lichtsmog – die Mensch und Natur stark beeinträchtigende Lichtverschmutzung durch Straßenlaternen, Industriebeleuchtung oder gleißende Werbeflächen – ist in diesem Gebiet bis hinauf zur Ostsee noch nicht so verbreitet wie anderswo. Auf der Insel Büsum kann man beispielsweise in Schlafstrandkörben direkt an der Nordsee übernachten, um den Sternenhimmel zu beobachten.
Derlei nächtliche Erlebnisse sind selbst in der Nähe der Stadt Berlin möglich – etwa an der Havelbaude. Diese zählt zu den bekanntesten Ausflugszielen an der Havel. Und sie liegt direkt am Europäischen Fernwanderweg 10, der uns zwischen Hennigsdorf und Birkenwerder mit Wäldern und dem naturschönen unteren Briesetal bekannt macht, aber auch mit alten Industrieflächen.

HÖHER, GRÖSSER, WEITER ...

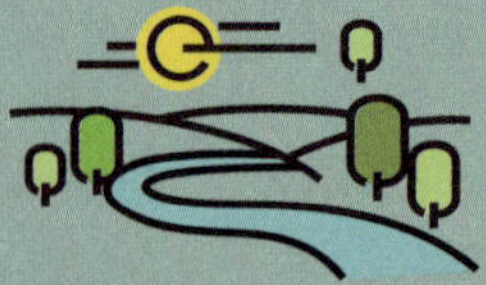

1 : 50 000
Pinnow
Radfahrerkirche
Kreuz Oranienburg
Erlebnisstraße der deutschen Einheit
Bernsteinsee
Gut Lindenhof
Siedl. Lindenhof
Birkenwerder
HOHEN NEUENDORF
Halde
Heidekrug
Marina an der Havelbaude
06
07
96
111
E26
2a
Hennigsdorf
Havel
NIEDER-HEIDE
05
04
Länderinstitut Bienenkunde
Hohen Neuendorf-West
Hohenschöpping
Stichkanal
Bel Paese
Café
Kippe
Halde
STOLPE
03
Invalidensiedlung
Stolper Heide
2b
Stolpe
Berliner Golfclub Stolper Heide
Deutsche Tonstr.
Oder-Havel-Kanal
02
Raststätte Stolper Heide
01
Neubrück
STOLPE-SÜD
Climb Up Kletterwelt
NSG
Heiligensee
Wald-park
Berline

Havelaufwärts ins Briesetal

Leichte Wald- und Feldwege sowie Fußwege neben Straßen.

DISTANZ: **12,5 KM**
DAUER: **3:30 H**
ANSTIEG: **20 HM**
ANSPRUCH: **LEICHT**

Vom Postplatz auf der Westseite des Bahnhofs in Hennigsdorf **01**, 17 km nordwestlich vom Berliner Stadtzentrum, leiten die Blaupunkt- und die Blaustrich-Markierung durch die Unterführung auf die Ostseite des Bahnhofs. Wir folgen der Straße Am Rathaus zur Lutherkirche an der Hauptstraße. Kurz links auf der Hauptstraße und die erste rechts (Ruppiner Straße) über den Oder-Havel-Kanal und noch ein Stück weiter, ehe der Wanderweg die Ruppiner Straße links verlässt und dem Schwarzen Weg **02** am Rand eines Bruch- und Moorgebiets unter den Bäumen nordwärts folgt.

Der Schwarze Weg umgeht das Wasserwerk Stolpe **03**, kreuzt die Bahnlinie Hennigsdorf–Hohen Neuendorf und folgt der Bundesautobahn A 111 bis zum Oder-Havel-Kanal **04**. Nach der Unterquerung der Autobahn folgt er der A 111 „zurück" und schwingt dann wieder auf den Schwarzen Weg ein. Dieser geht am Ortsrand von Hohen Neuendorf in die Schillerpromenade **05** über, am Ende rechts Goethestraße und gleich links auf den Saumweg, an dem das Wirtshaus Havelbaude **06** zur Einkehr einlädt.

Die Stadt Hohen Neuendorf liegt an der Mündung der Briese in die zum Oder-Havel-Kanal ausgebauten Havel im Nordwesten Berlins und grenzt unmittelbar an den Berliner Stadtteil Frohnau im Bezirk Reinickendorf. Den Oder-Havel-Kanal entdeckten die Berliner schon Anfang des 20. Jahrhunderts als Erholungsgebiet, hier konnten sie sich in der unberührten Natur erholen. Um 1920 kamen immer mehr Wassersportler an die Havel, 1925 errichtete Albert Beyer ein Wirtshaus und Unterstände für Sportboote. Seine Nachfahren betreiben heute hier die Marina Havelbaude; Bootshafen und Ausflugsrestaurant sind umgeben von den Havelwiesen und den Wäldern der Niederheide. Von der Havelbaude aus kann man mit dem Boot bis zur Mecklenburgischen Seenplatte und zu den Berliner Gewässern schippern. Von der Havelbaude führt der Saumweg weiter durch die Wälder der Niederheide und durch die Saumwegwiesen ins Briesetal. Die Briese gibt den naturschönen Weg ins Zentrum von Birkenwerder vor. Am Ende des Briesesteigs rechts längs der Hauptstraße zum Rathaus und dort längs der Clara-Zetkin-Straße zum Ziel, dem Bahnhof Birkenwerder 07.

Rückfahrt nach Hennigsdorf 01 mit der S-Bahn.

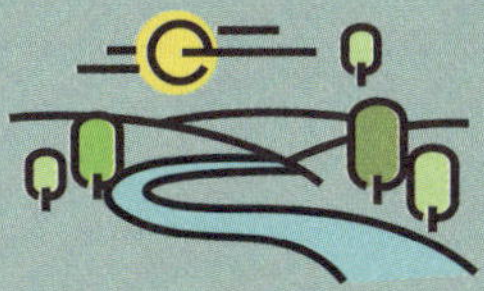

Glasklar bis zum Grund

ZUM **SAUBERSTEN SEE** BRANDENBURGS

Wer weiß schon, dass gerade einmal acht Kilometer von der Berliner Stadtgrenze entfernt einer der saubersten Seen des Landes in der Sonne glänzt? Grund genug, die Badesachen zu packen und dorthin loszumarschieren!

Der zum Wandlitzer Seengebiet zählende Liepnitzsee, von dem hier die Rede ist, liegt zwischen der Stadt Bernau bei Berlin und der Gemeinde Wandlitz. Das Gewässer füllt eine glaziale, also einst durch Eiszeitgletscher ausgeschürfte Rinne, die durch das ebenfalls vom großen Eis aufgeschüttete Grundmoränenplateau des Barnim verläuft.
Wie tief der See ist, darüber wird bis heute gestritten: Die Angaben reichen von 16 bis zu 70 Metern. Fest steht immerhin, dass er seine größte Ausdehnung, nämlich etwa drei Kilometer, in Ost-West-Richtung erreicht. Nicht zuletzt wegen seiner schönen Badestrände und der weitläufigen Buchenwälder, die den Liepnitzsee umgeben, hat man die Region zum Naturpark Barnim erklärt. Info: www.barnim-naturpark.de

---

HÖHER, GRÖSSER, WEITER …

1 : 50 000
Klosterfelde
Deponie
Prendener Bauernheide
Bunker-anlage
Landsitz Bogensee
Bogensee
Bogensee
54
109
Heidekrautbahn
Märkische Eiszeitstraße
Arendsee
Wandlitz
57
Hotel, Rest. Seeterrassen
Barnim-Panorama
Naturparkzentrum
Agrarmuseum
Wandlitzsee
Drei heilige Pfühle
01
02
03
04
05
66
Ützdorf
Kleiner Werder
Liepnitz-see
Großer Werder
Insulaner Klause
50
Kehlheide
Wandlitz
80
Liepnitz
Forsthaus Liepnitz
Waldsiedlung
273
14
Wandlitz
Hinterheide
Waldheim
Basdorfer Heide
Probstheide
71
67

Rund um den Liepnitzsee

Waldwege und zum Teil wurzelige Pfade.

DISTANZ: **13 KM**
DAUER: **3:15 H**
ANSTIEG: **80 HM**
ANSPRUCH: **LEICHT**

Der Bahnhof Wandlitzsee **01**, unser Startpunkt im Ort Wandlitz, 27 km nördlich vom Berliner Stadtzentrum, steht als Denkmal der Bauhausarchitektur unter Schutz. Westlich davon befindet sich das Strandbad am Wandlitzer See, dem Namensgeber des Ortes. Beim Bahnhof erfolgt der Einstieg in den 66-Seen-Wanderweg, markiert mit dem Zeichen Blaupunkt. Nach Überqueren der Gleise folgt er der Ruhlsdorfer Straße kurz nordostwärts, zweigt dann rechts ab An der Bogenheide in Richtung des Jugendstil-Wasserturms und wenig später rechts An den Pfühlen. Der Name des ehemaligen Gasthauses Versunkene Glocke erinnert an die sagenhafte Entstehung der Drei heiligen Pfühle, drei kleiner Seen in der Schmelzwasserrinne zwischen Liepnitzsee und Wandlitzer See. Der Legende zufolge entstanden sie, als der Teufel von Prenden aus große Steine auf die Kirche von Wandlitz warf; die Steine verfehlten ihr Ziel und landeten im Wandlitzer See, durch das dabei herausspritzende Wasser entstanden die Pfühle. Nach einer anderen Legende soll an den Drei Pfühlen einst das Dorf Arendsee gestanden haben; wegen des sündigen Treibens der Bewohner musste es untergehen. Um Mitternacht sollen aus der Tiefe der Pfühle noch die Glocken des versunkenen Dorfs zu hören sein. 1907/08 wurde die Jugendstil-Villenkolonie im Nordbereich der Pfühle erbaut.

Am Ende der Bebauung taucht der 66-Seen-Weg in den Wald ein und führt an den beiden östlichen Pfühlen vorbei. Nach Queren einer Teerstraße erreicht er den Regenbogensee und leitet zum von Buchenwald umgebenen Liepnitzsee **02**. Am Anleger der Liepnitzseefähre **03** vorbei führt der Blaupunkt-Weg ostwärts in den aus wenigen Häusern bestehenden Waldweiler Ützdorf **04**. Die fachwerkverzierte Ützdorfer Jugendherberge, die der Berliner Wandervogel-Verein 1920 hat errichten lassen, steht Wanderern und Erholungsuchenden zur Verfügung. Wer den 66-Seen-Weg bei der Jugendherberge und der Bushaltestelle in Ützdorf nach links verlässt, geht längs der Straße rechts weiter, bis die Gelbpunkt-Markierung rechts abzweigt. Der Uferweg folgt dem Südufer des Liepnitzsees zum Fähranleger Süd, parallel zum Uferweg verläuft auf dem Steilufer der Naturlehrpfad Liepnitzsee. Das Ufer mit seinen steilen Hängen vermittelt ein beeindruckendes Bild von den Kräften des Eises, das die Seenrinne geschaffen hat. Buchen und Traubeneichen, oft mehrere 100 Jahre alt, bestimmen das Bild. Am Westufer befindet sich der Badestrand am Liepnitzsee, bald darauf lädt das Waldbad 05 zum Baden ein. Einige Minuten später taucht die bekannte Blaupunkt-Markierung des 66-Seen-Weges wieder auf 02. Nach links und an den Drei heiligen Pfühlen vorbei leitet sie links zurück zum Bahnhof Wandlitzsee 01.

Von der Gabel zum Geistesblitz

ZUM **MUSEUM DER UNERHÖRTEN DINGE**

Ob Geduldsfaden, Geistesblitz oder das Fell eines Bonsai-Hirsches: Im Museum der Unerhörten Dinge in Berlin-Schöneberg trifft die Welt der Tatsachen auf die Welt der Fantasie. Hinwandern ist die Devise!

Im skurrilen Museum des Künstlers Roland Albrecht fangen die Fragezeichen schon mit den Museumsräumen an: Als eine Art „Nicht-Orte" liegen sie zwischen zwei Häusern, der Nummer 5 und der Nummer 6. Dazwischen entdeckt man die seltsamsten Stücke, zu denen mit viel Hintergrundwissen unterhaltsame Geschichten erfunden wurden. So erfahren wir etwa, wie die Pinguine das Qi Gong entdeckt haben, warum Walter Benjamin mitten in seinem berühmten Kunstwerk-Aufsatz die Schreibmaschine wechselte oder wie das Edelweiß zu seinem Weltruf kam. Doch Vorsicht: Alle Fakten stimmen, nur nicht so – ganz im Gegensatz zur folgenden Wegbeschreibung, die uns quer durch Schöneberg und dabei zur wohl verrücktesten Attraktion Berlins leitet. Info: www.museumderunerhoertendinge.de

---

WO GIBT'S DENN SOWAS?

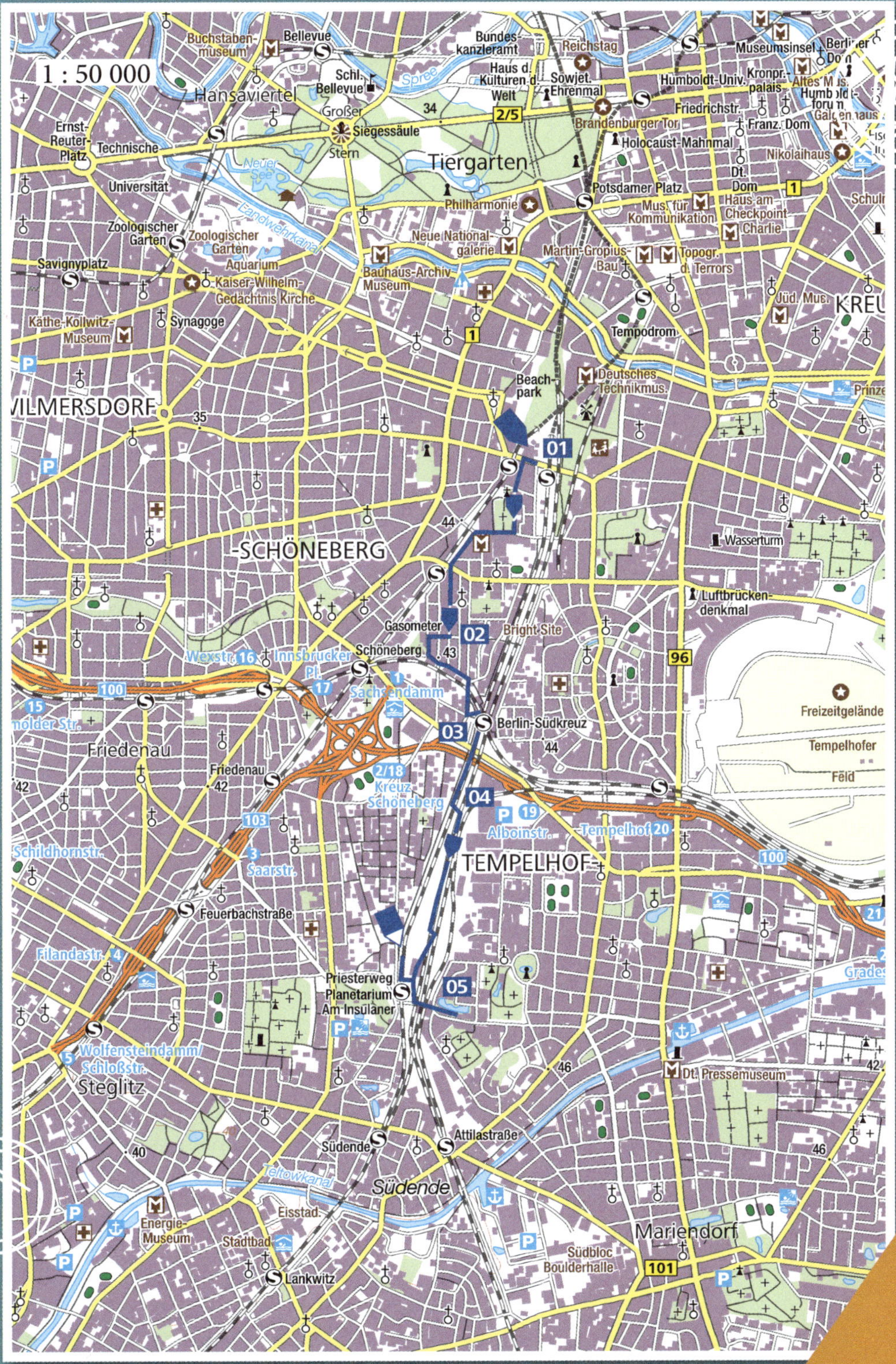
1 : 50 000
Buchstaben-museum
Bellevue
Bundes-kanzleramt
Reichstag
Museumsinsel
Hansaviertel
Schl. Bellevue
Spree
Haus d. Kulturen d. Welt
Sowjet. Ehrenmal
Humboldt-Univ.
Kronpr.-palais
Altes Mus.
Großer Stern
Siegessäule
2/5
Brandenburger Tor
Friedrichstr.
Franz. Dom
Ernst-Reuter-Platz
Technische Universität
Tiergarten
Holocaust-Mahnmal
Dt. Dom
Nikolaihaus
Neuer See
Potsdamer Platz
1
Landwehrkanal
Philharmonie
Mus. für Kommunikation
Haus am Checkpoint Charlie
Zoologischer Garten
Aquarium
Neue National-galerie
Martin-Gropius-Bau
Topogr. d. Terrors
Savignyplatz
Kaiser-Wilhelm-Gedächtnis Kirche
Bauhaus-Archiv Museum
Jüd. Mus.
Käthe-Kollwitz-Museum
Synagoge
Tempodrom
Beach-park
Deutsches Technikmus.
WILMERSDORF
35
01
44
SCHÖNEBERG
Wasserturm
Luftbrücken-denkmal
Gasometer
02
Bright Site
Schöneberg
43
96
Wexstr. 16
Innsbrucker Pl.
17
Sachsendamm
100
15
Friedenau
03
Berlin-Südkreuz
Freizeitgelände
Tempelhofer Feld
44
42
2/18 Kreuz Schöneberg
04
19
Alboinstr.
Tempelhof 20
103
Schildhornstr.
3 Saarstr.
TEMPELHOF
Feuerbachstraße
21
Filandastr. 4
Priesterweg
Planetarium Am Insulaner
05
5 Wolfensteindamm/ Schloßstr.
Steglitz
46
Dt. Pressemuseum
42
40
Südende
Attilastraße
46
Teltowkanal
Südende
Energie-Museum
Eisstad.
Stadtbad
Mariendorf
Lankwitz
Südbloc Boulderhalle
101

Zum Museum der Unerhörten Dinge

Eine kleine Zeitreise durch das südliche Berlin: Schöneberg. Vom historischen Spurenlesen bis hin zum Naturschutzgebiet Südgelände, einem ehemaligen Rangierbahnhof. Dort führen Pfade entlang alter Relikte aus vergangenen Zeiten. Angrenzend an das Südgelände lohnt sich ein Abstecher zur Siedlung Lindenhof. Auf den Gasometer sind nur geführte und vorab gebuchte Touren möglich. (Bauarbeiten – bitte vorab informieren)

DISTANZ: **6 KM**
DAUER: **2:00 H**
ANSTIEG: **30 HM**
ANSPRUCH: **LEICHT**

An der Yorckstraße mitten in Berlin-Schöneberg **01** beginnt die Schöneberger Tour. Hier eröffnet sich die Schöneberger Insel – auch „Rote Insel" genannt. Die Insel wird durch die Yorckstraße im Norden, den S-Bahnhof Schöneberg im Südwesten und das Südkreuz im Südosten abgegrenzt. Nun hält man sich stets gegen Süden. Über die Katzlerstraße steuert man auf den Alten St.-Matthäus-Kirchhof zu, dort ruhen u. a. die Gebrüder Grimm. Weiter südwärts über die Monumentenstraße kreuzt man dann die Julius-Leber-Brücke. Wer sie nach rechts überquert, gelangt auf der Kolonnenstraße und der nach 270 m rechts abzweigenden Crellestraße zum Museum der Unerhörten Dinge (Nr. 5-6).

Nach der Rückkehr über die Julius-Leber-Brücke schwenken wir rechts auf die Leberstraße ein. Um 1900 war dies die Hauptgeschäftsstraße mit unzähligen Kneipen und Geschäften und bildete mit der Cherusker- und Gotenstraße das Herz der „Roten Insel". Schlendert man ein wenig die Leberstraße hinunter, steht man sogar vor dem Geburtshaus Marlene Dietrichs.

Durchquert man nun diese Straßen gelangt man zum Gasometer **02**, das mit seinen 78 Metern majestätisch in den Himmel ragt. Erbaut wurde es 1907 und gehörte damals zu den drei größten Gasometern Europas. Anschließend wendet man sich nach Osten, über den Annedore-Leber-Park zum Südkreuz. Geht man am Gebäude des Südkreuzes 03 entlang gelangt man auf eine Brücke die über die Autobahn führt und den Beginn des Südgeländes einleitet. In baldiger Sichtweite erhebt sich eine weitere Brücke, die nun über die Bahngleise in das Südgelände 04 hineinreicht. Im Südgelände lassen wir uns von den Pfaden und Stegen, ehemalige Gleise, die mit weichem Rindenmulch ausgelegt sind, leiten. Eine 18 Hektar große Oase eröffnet sich, mit seltenen Tier- und Pflanzenarten. Die Pfade führen durch einen Tunnel aus Lianen und Birken. Beim ehemaligen Rangierbahnhof (Lokomotivhalle) gelangen wir zum südlichen Eingang des Parks. Zum Abschluss lohnt sich hier ein Abstecher zur Siedlung Lindenhof 05. Orientiert an der „Gartenstadt“ war diese Siedlung in den 1920er Jahren eine der bekanntesten in Berlin. Sie zeichnete sich durch die Möglichkeit der Selbstversorgung durch Gärten, zahlreiche Gemeinschaftseinrichtungen und parkähnliche Freiflächen mit Weiher aus.

Der Rückweg kann über den gleichen Weg angetreten werden, doch biegt man dann links neben der Lokomotivhalle ab und gelangt so zu einem weiteren Ausgang, der direkt im S-Bahnhof Priesterweg mündet.

Goededag!

EIN **STÜCK HOLLAND** MITTEN IN DEUTSCHLAND

Gute Handwerker brauchte König Friedrich Wilhelm I. im 18. Jahrhundert in Potsdam. Die besten gab es damals in Holland, und so holte sie der „Soldatenkönig" kurzentschlossen von dort. Und ließ ihnen gleich ein eigenes Stadtviertel errichten.

Dieses einzigartige, zwischen 1734 und 1742 errichtete Holländische Viertel ist bis heute gut erhalten – mit etwa 150 Backsteinhäusern im holländischen Stil, unverputzt mit weißen Fugen, mit Fensterläden und geschwungenen Giebeln.
Neben der Architektur locken uns viele exklusive Läden, gemütliche Cafés und Restaurants dorthin. Und natürlich geht dort jedes Jahr das traditionelle Tulpenfest über die Bühne. Johann Boumann, der den Bau damals leitete, hat man ein Museum in der Mittelstraße 8 gewidmet. Info: www.potsdam.de/hollaendisches-viertel

WO GIBT'S DENN SOWAS?

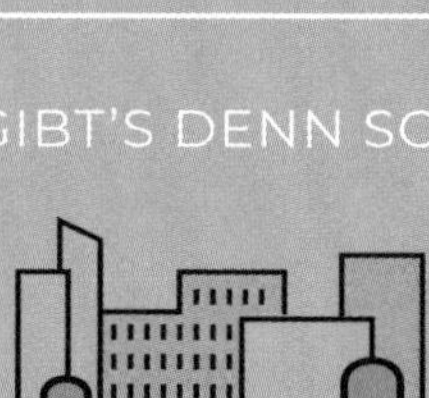

1 : 50 000
Kirchberg
Lehnitzsee
Siemensvilla
Weißer See
Römerschanze (Königswall)
Sacrower See
NSG
Zedlitzberg
Sacrower See
Nedlitz
Großes Horn
und Königswald
Sacrow
Sacrower Lanke
Rest. zum Sacrower See
Meedehorn
Pfaueninsel
Park
Luisenberg
Erlebnisstr. d. deutschen Einheit
Schwarzer Berg
Heilandskirche
Nikolskoe
St. Pet
Moorlake
Krughorn
POTSDAM-NORD
Villa Jacobs
Nauener Vorstadt
Jungfernsee
Quappenhorn
Volkspark Potsdam
Pfingstberg
Schloss Cecilienhof
Havel
Park Glienicke
Biosphäre Potsdam
Neuer Garten
Glienicker Brücke
Schloss Glienicke
NÖRDL. VORSTADT
Kolonie Alexandrowka
Marmorpalais
Heiliger See
Berliner Vorstadt
Klein Glienicke
Ruinenberg
Jägervorstadt
Jagdschloss Glienicke
Prinz-Leopold
Hirschberg
Schiffspens. Luise
Tiefer See
Schloss Babelsberg
Schlosspark
Sternwarte
Palais Lichtenau
Gotische Bibliothek
Sanssouci
P.-INNENSTADT
Schloss Sanssouci
Holländ. Viertel
Flatowturm
Griebnitzsee
Friedenskirche
Luisa
Extavium
Brandenburger Vorstadt
Filmmus.
Mercure
Freundschaftsinsel
-NORD
Dino-Dschungel
Charlottenhof
Pension auf dem Kiewitt
Lustgarten
Potsdam Hbf.
BABELSBERG-
Havel
Vorderkappe
Teltower Vorstadt
Filmpark Babelsberg
Brauhausberg
AbenteuerPark Potsdam
POTSDAM-SÜD
Alter Tornow
Nuthe
-SÜD
Templiner Vorstadt
Wissenschaftspark "Albert-Einstein"
Hinterkappe
DWD
Einsteinturm
Telegraphenberg
Siedlung Eigenheim
Pension Mark Brandenburg
Schlaatz
Siedlung Nuthestrand
Drewitzer
Kahle Berge
Waldstadt
Feuerwachturm

Potsdam – Babelsberg – Cecilienhof

Bequeme Panoramawanderung auf durchgehend fahrradfähigen Wegen.

DISTANZ: **11 KM**
DAUER: **3:00 H**
ANSTIEG: **50 HM**
ANSPRUCH: **LEICHT**

Nach dem Verlassen des Hauptbahnhofs von Potsdam 01 durch den Ausgang Nord und der Überquerung der Babelsberger Straße geht es zwischen Wiese und Parkplatz zur Promenade vor dem Havelkanal Neue Fahrt, hinter dem sich die stadtbildprägende Kuppel der klassizistischen Nikolaikirche zeigt. Die Promenade längs der von Ausflugsbooten belebten Neuen Fahrt führt rechts weiter, überquert auf einer Holzbrücke die in die Havel mündende Nuthe, unterquert die Nuthestraßenbrücke und erreicht dahinter den Park Babelsberg mit dem Strandbad Babelsberg am Tiefer See.

Parallel zum Ufer führt der Parkweg geradeaus weiter zum aussichtsreichen Kleinen Schloss (Restaurant), gleich darauf leitet die Goldene Rosentreppe rechts hinauf zum Schloss Babelsberg 02, wo sich ein erstklassiger Blick auf Potsdam und die Havellandschaft bietet; in Sicht ist auch die Glienicker Brücke.

Vom Schloss geht es wieder hinab zur uferparallelen Promenade, diese folgt der Glienicker Lake – hier mündet der Teltowkanal in die Havel – ostwärts zur Parkbrücke. Die Grünpunkt-Markierung überquert auf der Parkbrücke den Teltowkanal und erreicht beim Restaurant „Prinz Leopold" 03 eine Verzweigung. Hier führt die Grünpunkt-Markierung links weiter durch die Waldmüllerstraße am Restaurant „Bürgershof" vorbei, dahinter geht es links zum Jagdschloss Glienicke und durch den Jagdschlosspark zur Glienicker Brücke 04, die einen schönen Blick zurück zum Schloss Babelsberg bietet. Nach Überqueren der Brücke zweigt rechts ein Parkweg in die Grünanlagen längs der Havel bzw. des Jungfernsees ab, die Schwanenbrücke führt in den Neuen Garten mit Schloss Cecilienhof 05 .

Vom Schloss führt der Weg südwärts im Westuferbereich des Heiliger Sees zum Marmorpalais und zur Orangerie (Café). Die Seeuferpromenade führt zur Gotischen Bibliothek 06 am Südende des Sees.

Nachdem wir das Parkgelände vor der Gotischen Bibliothek verlassen haben geht es geradeaus durch die Kurfürstenstraße und an der Gabelung halb rechts zum Holländischen Viertel. Hier kann man sich durch Nebenstraßen mit Cafés und Läden treiben lassen und dann welchen Rückweg auch immer nehmen. Die als Fußgängerzone ausgewiesene Brandenburger Straße führt zum Brandenburger Tor am Luisenplatz, dort fahren Straßenbahn und Bus zum nahen Hauptbahnhof Potsdam 01, der allerdings auch zu Fuß rasch erreichbar ist; vorbei an der Nikolaikirche.

10 Berlin

Wind Nordost, Startbahn 03 ...

EIN SPAZIERGANG ÜBER DEN **FLUGHAFEN TEMPELHOF**

Unwillkürlich geht uns der Anfangstext aus Reinhard Meys Allzeit-Ohrwurm „Über den Wolken“ durch den Sinn, wenn wir die legendenumwobenen Landebahnen in Berlin-Tempelhof ansteuern.

Die monumentale, mittlerweile denkmalgeschützte Architektur dieser geschichtsträchtigen Anlage spiegelt die wechselvolle Geschichte Berlins wider. Wer von der ehemaligen Abfertigungshalle über die von den US-Amerikanern genutzten Bereiche bis zu den Transitgängen mit Blick auf das heutige Tempelhofer Feld spaziert, erlebt ein ganz besonders Stück der Stadt.
Besonders empfehlenswert ist die Teilnahme an einer geführten Tour durch den Flughafen Tempelhof. Es werden sogar begleitete Touren zu den verborgenen Orten auf dem weitläufigen Gelände angeboten; sie führen zurück in die Zeit des Nationalsozialismus, der US Air Force ab 1945 und der Geheimdienstaktivitäten während des Kalten Krieges. Info: www.thf-berlin.de

---

WO GIBT'S DENN SOWAS?

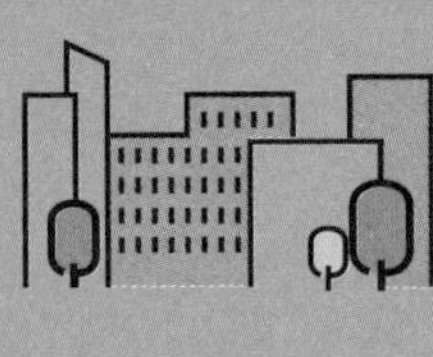

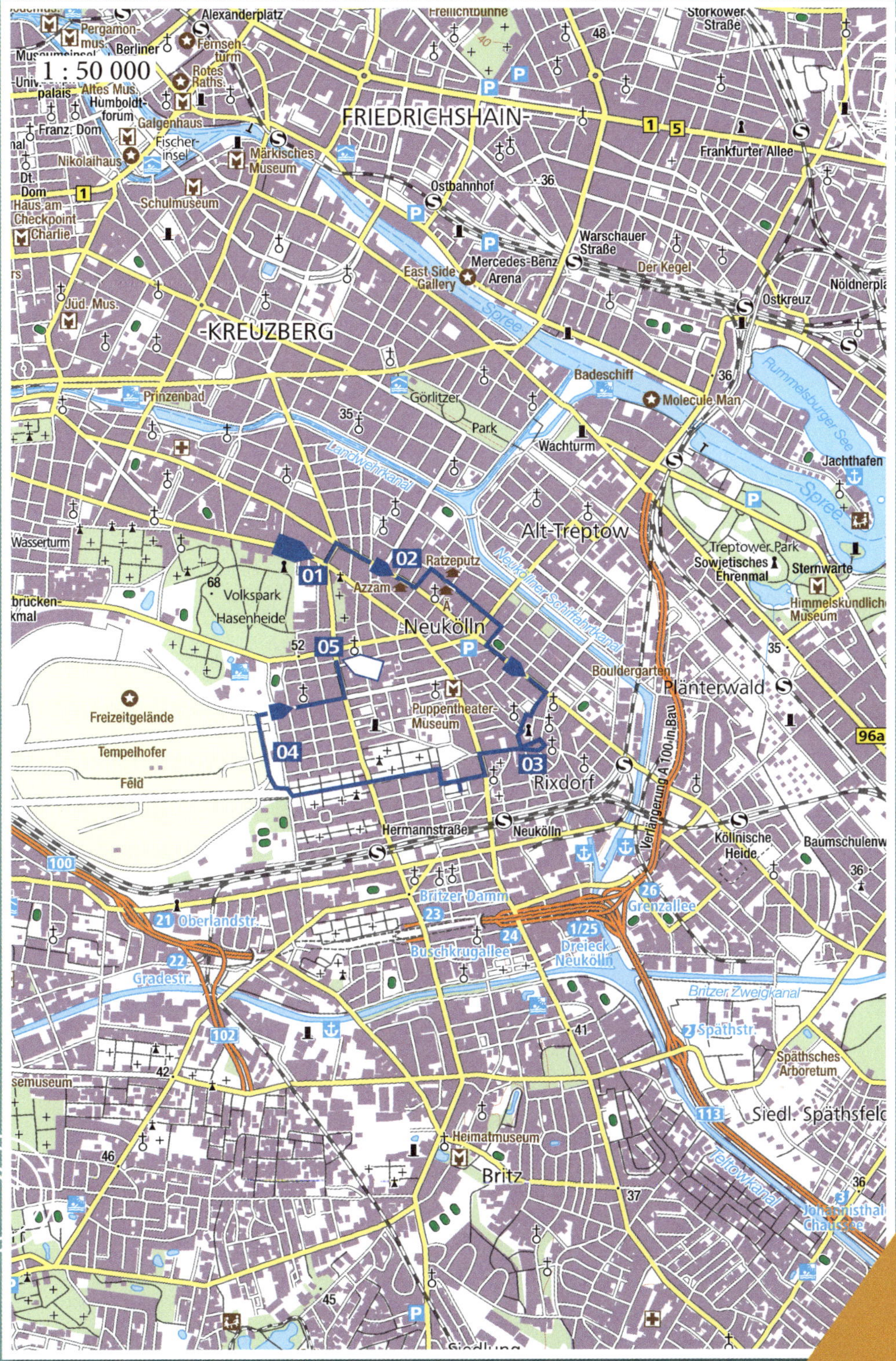
1 : 50 000
Alexanderplatz
Pergamon-mus.
Berliner
Fernsehturm
Rotes Raths.
Altes Mus.
Humboldt-forum
Franz. Dom
Galgenhaus
Fischer-insel
Nikolaihaus
Märkisches Museum
Dom
Haus am Checkpoint Charlie
Schulmuseum
Jüd. Mus.
FRIEDRICHSHAIN-
KREUZBERG
Frankfurter Allee
Ostbahnhof
Warschauer Straße
Mercedes-Benz Arena
East Side Gallery
Der Kegel
Ostkreuz
Nöldnerpl.
Spree
Badeschiff
Molecule Man
Rummelsburger See
Jachthafen
Prinzenbad
Görlitzer Park
Wachturm
Landwehrkanal
Alt-Treptow
Treptower Park
Sowjetisches Ehrenmal
Sternwarte
Himmelskundliches Museum
Wasserturm
Volkspark Hasenheide
01
02
Ratzeputz
Azzam
Neukölln
Neuköllner Schifffahrtskanal
05
Bouldergarten
Plänterwald
Freizeitgelände
Tempelhofer Feld
04
Puppentheater-Museum
03
Rixdorf
Verlängerung A 100 in Bau
96a
Hermannstraße
Neukölln
Kölnische Heide
Baumschulenw.
100
21 Oberlandstr.
Britzer Damm
23
24
Buschkrugallee
1/25 Dreieck Neukölln
26 Grenzallee
22
Gradestr.
102
Britzer Zweigkanal
2 Späthstr.
Späthsches Arboretum
113
Siedl. Späthsfeld
Heimatmuseum
Britz
Teltowkanal
3 Johannisthaler Chaussee
Siedlung

Neukölln – Hermannplatz – Tempelhofer Feld

Leichter Spaziergang über einfache Straßen und Wege durch einen dynamischen Stadtteil, welcher die unterschiedlichsten kulinarischen Genüsse birgt.

DISTANZ: **6,9 KM**
DAUER: **1:50 H**
ANSTIEG: **0 HM**
ANSPRUCH: **LEICHT**

Vom U-Bahnhof Hermannplatz **01** nahe dem Volkspark Hasenheide zwischen Kreuzberg und Neukölln im Südwesten von Berlin geht es an das nördliche Ende des Hermannplatzes, wo wir rechts in die quirlige und 5 km lange Sonnenallee gelangen. Wir befinden uns in einem Paralleluniversum voller Trubel, Frauen mit Kindern, junge Männer und alte Männer, die zusammensitzen und reden, hupende Autos, verschiedenste kulinarische Genüsse in Restaurants und Lokalen, die aus allen Nähten platzen. So zum Beispiel das orientalische Restaurant Azzam, berühmt für seinen Hummus. Die Rede ist von der Arabischen Straße, denn streckenweise sind nur arabische, syrische oder türkische Schriftzüge zu sehen. Einst Symbol für Gangs und Gewalt ist sie heute Schmelztiegel von Alteingesessenen und Neuankömmlingen aus verschiedensten Kulturen. Weiter geht es links in die Weichselstraße und in die Kneipenstraße Neuköllns hinein, die Weserstraße **02**. Sie ist eine der vielseitigsten Straßen Berlins, hier wird gefeiert, geshoppt und geschlemmt. Abends laden hippe Bars, wie das Ratzeputz und „Ä" zum Verweilen ein.

Weiter geht es rechts in die Finowstraße und links wieder in die Sonnenallee. Noch einmal konfrontieren wir unseren Geruchssinn mit syrischen oder arabischen Gewürzen, bevor wir dann Richtung Süden auf der Treptower Straße laufen. Der weitere Weg schlängelt sich durch die Donaustraße, den 110 m langen Fußweg Wanzlikpfad, die Kirchgasse und dann nach links zum Richardplatz **03**. Über die Existenz von

Parallelwelten wird oft philosophiert, dank dieser Runde tauchen wir ganz praktisch in eine ein, die Rede ist von Rixdorf – eine idyllische Insel inmitten von Berlin-Neukölln. Bauernhäuser und Jugendstilbauten reihen sich aneinander. Nachdem wir einmal um den Richardplatz herumgelaufen sind geht es weiter in westliche Richtung und links in die Karl-Marx-Straße. Dann biegen wir rechts in die Jonasstraße ein und erreichen den Körnerpark mit seiner Fontäne und dem Wasserspiel über mehrere Kaskaden. Um zum Tempelhofer Feld [04] zu gelangen biegen wir am anderen Ende des Parks nach rechts in die Selkenstraße, dann links in die Thomasstraße, entlang des alten Friedhofs, kreuzen die Hermannstraße und passieren den Anita-Berber-Park. Dahinter eröffnet sich das weitläufige Gelände des Tempelhofer Felds, der ehemalige Flughafen Tempelhof. An seinen östlichen Rand gehen wir in nördlicher Richtung, bis wir dann rechts in die Herrfurthstraße einbiegen. Wir gehen direkt zur Genezarethkirche im Schillerkiez – im neogotischen Stil errichtet. Am Ende der Herrfurthstraße laufen wir links entlang der Hermannstraße bis zum U-Bahnhof Boddinstraße [05].

Die Rückfahrt erfolgt mit der U-Bahn.

„Jurassic Park"

ZU **SAURIERSPUREN** IN NIEDERSACHSEN

Vor rund 150 Millionen Jahren liefen mindestens elf Saurier über eine zeitweise überschwemmte Sandbank und hinterließen dabei ihre Spuren, die mit der Zeit versteinerten. Ein echtes Wunder, dass diese heute noch zu sehen sind!

Im Zeitalter des Oberjura, als bei uns ein tropisches Klima herrschte, hatten die Dinosaurier das Sagen. Im heutigen Wiehengebirge bei Barkhausen erkennt man die fossilen Fährten von pflanzenfressenden Sauriern und einem Raubsaurier (Megalosaurus), die damals lebten. Die erstmals 1921 entdeckten und 1936 unter Naturschutz gestellten Abdrücke befinden sich heute in einem kleinen, aber für jedes Alter interessanten Erlebnisbereich mit lebensgroßen, plastischen Sauriernachbildungen und ausführlichen Informationstafeln. Dazu lädt ein 16 Kilometer langer, sehr gut ausgeschilderter Saurierpfad-Rundwanderweg zur Annäherung per pedes ein. Die Tour zwischen Linnerheide und Barkhausen gilt zwar als „schwarz", sie ist aber trotzdem auch mit gehfreudigen Kindern machbar.
Info: www.geopark-terravita.de

SAGENHAFT!

1 : 60 000
Masch
Ippenburg
Schloss Ippenburg
Heumasch-hütte
48
Rabber-
wiesen
Vogelpohl
Schloss Hünnefeld
Hünnefeld
47
Himmel-reich
Brockhausen
Deutsche Fachwerkstr.
65
Harpen-feld
Lockhausen
Falken-burg
nur Güterverkehr
59
56
51
Rabber
01
Osning-Route
ehem. Stiftsburg
Wittlage
Osterberg
177
Sonnenbrink
Weg der Sinne
Bad Essen
56
07
Eielstädt
Rabberbrüche
02
Linner-marsch
Hüseder-bruch
Thun-
horst
151
Wild-stein
100
Westerberg
Hüsede
60
Osning-Route
57
Essener-berg
Ruine Krietenstein
114
Linne
79
Kalb-
siek
117
Köhler-hütte
Linner-
heide
166
Osterberg
Friedeberg-hütte
100
03
04
Rattinghausen
Linner Berg
181
05
129
Kallholz
Oldtimer-Route
Auf dem
Fledder
Hohenhorsthütte
Saurier-fährten
06
140
Ellerschlag
Hohenhorst
Landwehr
Jugendzeltplatz Meesdorf
Ohrt
Wagenhorst
Eimkenort
132
Sundern
104
Meesdorf
111
Sternwarte
Waldhaus
Meißheide
Ober-holsten
Im Zitter
Nattenriede
167
Hunteguelle
Vor dem Walde
Osning-Route
Nieder-holsten
Hustädte
Holzhauser Berg
137
219
Westerhauser Berg
174
Sternwarte
Moselerberg
Oldendorfer Berg
Sehlingdorf
200
204
190
175
BUER
Holzhausen
Osning-Route
159
Auf dem
Bußdieck
Löhlingo
Ostenwalde
Schlichteberg
Bergfelde
Blanke-mühle
Schürenort
Vor dem Berge
Sielheide
Nientiet
In den Blesse

Saurierfährten bei Bad Essen

Lange, höhenmeterreiche Rundtour, die durchwegs bestens markiert ist.

DISTANZ: **23,7 KM**
DAUER: **7:00 H**
ANSTIEG: **785 HM**
ANSPRUCH: **SCHWER**

Wir starten am Parkplatz Ellerngrund 01, 6,5 km südöstlich von Bad Essen (das wiederum 20 km nordöstlich von Osnabrück liegt). Schon lesen wir unser Fernziel „Saurierfährten 10,2 km“. Die Tour ist Teil des DiVa Walk, denn wir sind in der historischen Region der Dinos und des Varus. Der gesamte Weg ist einheitlich markiert. Pulsbeschleunigend geht es hinauf und an einer Gabelung rechts vorbei an einer Schutzhütte. Nun sanfter empor, rechts via Paracelsus-Klinik Bad Essen zum Hotel-Restaurant Altes Berghaus 02. Über eine querende Straße eine Allee hinauf und vorbei am Haus Sonnenwinkel. Nach einem Waldstück ignorieren wir die direkte Annäherung an die Saurierfährten und orientieren uns rechts am Schild Rattinghausener Berg 2,4 km. An der nächsten Kreuzung links (Pöhler Wirt). Eine Forststraße bringt uns in einen Talgrund. So gelangen wir zum ehemaligen Landhotel Bergwirt Pöhler 03.

Davor links und hinter einer Landwirtschaft (Am Waldsee) auf dem querverlaufenden Wiehengebirgsweg weiter. Rechts, dann sehen wir den ersten Saurier als Piktogramm. Ein Teersträßchen am Waldrand, über die Hustädter Straße, an einer Gabelung geradeaus und zur Friedeberghütte. Am Standort Kalbsiek 04 berühren wir den Rückweg, der links Richtung Hüsede zieht. Geradeaus und kräftig hinab zur Straße bei Linnerheide; jenseits ebenso kernig hinauf. Links zum Waldrand. Hier ergibt sich die Möglichkeit eines kleinen Rundweges. Wir steigen rechts an (Barkhausen/Thören) und erklimmen den Linner Berg 05. Darüber

11

hinweg im Links-rechts-Bogen wieder ins Tal. Wir folgen der von links kommenden Straße nach rechts zu einer Schutzhütte. Noch 100 m zu den echten Saurierfährten 06: Eine fast lotrechte Felsplatte trägt die Abdrücke mehrerer Riesentiere.

Zurück zum Abzweig zum Linner Berg und geradeaus Richtung Barkhausen. Mit Hinweis „Bad Essen 8,4 km" rechts der Teerstraße und zu den Häuserzeilen von Linnerheide. Links einen Wiesenpfad zum Wald. Rechts, dann ist der kleine Rundweg beendet. Wieder über die Straße, hinauf zum Punkt Kalbsiek 04. Rechts Richtung Hüsede/Bad Essen. Wir passieren einen Turm und ereichen Bad Essen 07. Vorbei geht es am Kubikus, einem Zentrum für kreative Naturerfahrung, am Weg der Sinne und an der Wassermühle, die im Sommer sonntags in Betrieb ist. Der Ellerngrund ist uns schon nahe. Unter der Peter-Rickmers-Wiese links, vorbei am Hotel Buchenhof und unter dem Erfahrungs-Labyrinth zu den hanghöchsten, letzten Häusern und an einer Gabelung rechts.

Wir meistern noch eine letzte Steigung, dann ist die Rundtour fertig und der Parkplatz Ellerngrund 01 erreicht.

Nebelspuk am Bahnberg

ZUM URSPRUNG DES **BROCKENGESPENSTES** IM HARZ

Wolken umschleichen den höchsten Punkt des Bergs, die Sonnenstrahlen fallen flach ein. Plötzlich zeigt sich eine Schattengestalt auf der Nebelwatte. Ein Mysterium? Nein, ein ganz einfach erklärbares optisches Phänomenen!

Dieser Effekt wurde 1780 erstmals von Johann Esaias Silberschlag wissenschaftlich beobachtet und beschrieben, und zwar auf dem 1141 Meter hohen, seit alters her von Hexensagen umwobenen Brocken. Fällt der eigene Schatten auf eine Nebelschicht, so wirkt dieser größer als in Wirklichkeit. Dazu kommt oft auch eine sogenannte Glorie, die den Schattenkopf aufgrund der Lichtbrechung wie ein fahler Lichtkranz umgibt. Auch Johann Wolfgang von Goethe wurde auf dem höchsten Harzberg von einem solchen „Brockengespenst" erschreckt; der Name dieser Erscheinung, die sich natürlich auch anderswo beobachten lässt, soll jedenfalls auf den Dichterfüsten zurückgehen. Der wohl bekannteste Brocken-Aufstieg auf seinen Spuren und stellenweise neben der ebenfalls legendären, schmalspurigen Brocken-Bergbahn ist die Harzer-Hexen-Stieg.

SAGENHAFT!

1 : 55 000
Kohlebornstr.
Abtklippe
Grottenklippe
Luisenbank
Spinne
Franken-
bergstein
Dielenweg
Am Kruzifix
Ecker-
staumauer
Fohlenkopf
622
Gruhenkopf
Ferdinands
Garten
Scharfenstein
698
Rangerstation
Kegelbahn
Luchsweg
Kaiserweg
Radauberg
618
Marienbruch
Sellenberg
647
Kolför
Ecker-
stau-
see
Baste-
siedlung
Wildfütterung
Baste
Skidenkmal
Hermannsklippe
Hermannstraße
Radaubruch
Ulmer Weg
Abbenstein
769
Lorenz-
brücke
Bismarckklippe
Kl. Brocken
1018
Lerchenköpfe
Kaiserweg
Buchhorstk
Harzturm
TORFHAUS
Kahle Klippe
Brocken
Hirtenstieg
Brockenbahn
rchenköpfe
Harzklub-
Wanderheim
Großes
Torfhaus-
moor
Luisenklippe
Quitschenberg
882
04
1141
Teufelskanzel
Hexenaltar
Brockengarten
01
02
03
835
Magdbett
Knochenbrec
kurve
Sandweg
Brocken
Brockenstraße
Hopfensäcke
Eckersprung
Königsberg
1034
Eckerloch-
stieg
Märchenweg
Schwarze Tannen
Schierker Str.
feld
Kesselklippe
Eckerloch
Ehrenfriedhof
Rabenklippe
Dreieckiger
Pfahl
Kaiserweg
Brockenbahn
Wanderheim
Bodebruch
Kanzelklippe
Oberer Königsberger Weg
Aussichts-
plattform
Sand-
Sandbrink-
klippen
Schluftkop
brink
Stangen-
klippe
Oder-
ODERBRÜCK
Rotes
holz
Odersprung
Sandbrinkstraße
Oder-
teich
Historische
Wegpflasterung
Breitestein-
klippen
Schwarzer
Bruch
Sumpf
Böser
Hund
Toter Weg
Ulmerweg
Oderteich
Millardenweg
Achtermannshöhe
925
Gehren
NSG
Großer
906
Königskruger Planweg
Kaiserweg
Stieglitz-
ecke
Kuhlagerweg
Harz-Hochstraße
Erlebnisstr. d. dt. Einheit
Achter-
manns-
brunnen
Sonnengsweg
Wurmberg
971
Königskopf
Heidentre
R. Meyer-Weg
Bären-
brücke
Moorweg
Wurmberg
Neuer Weg
Kleiner
onnenberg
853
Bruchweg
Dt. Fachwerkstr.
Moos-
Gr.Klippe

Brocken über den Goetheweg

Eine bequeme Wanderung mit Aussichtsstellen, teils unangenehmer Kolonnenweg. Hinweis: Für den Rückweg nimmt man entweder dieselbe Route oder die Brockenbahn bis Wernigerode und weitere öffentliche Verkehrsmittel mit mehrmaligem Umsteigen.

DISTANZ: **18 KM**
DAUER: **6:00 H**
ANSTIEG: **408 HM**
ANSPRUCH: **LEICHT**

Am Nationalparkdenkmal am Großparkplatz beim Besucherzentrum in Torfhaus **01**, 9,5 km südlich von Bad Harzburg, fällt der Blick über Skiwiesen und das junge Radautal sowie über den tiefen Einschnitt des Eckertals hinweg zum Brocken; fast die gesamte Aufstiegsroute ist in Sicht. Vom Nationalparkdenkmal geht es über den Parkplatz zu den Bushaltestellen und dort links hinab mit der Beschilderung „Brocken" längs der Bundesstraße an mehreren Einkehrmöglichkeiten vorbei, bis der Goetheweg beim letzten Haus links in den Wald abzweigt und dann dem Abbegraben, einem 1827 angelegten Moorentwässerungsgraben, bergwärts folgt. Links zeigt sich bald die weite Fläche des Großen Torfhausmoors, das als Quellmoor der Radau auch als Radaubornmoor bezeichnet wird.

Kurz vor der Luisenklippe mündet der Goetheweg auf den Kaiserweg, folgt ihm kurz rechts und zweigt dann links hinauf zum Quitschenberg ab (während Goethe die im Winter optimale Route über das gefrorene Brockenfeldmoor nahm).

Am Quitschenberg **02** erläutern Tafeln in einer Informationshütte die Ursachen vom Borkenkäferbefall. Nach einer kurzen Waldpassage erreicht der Goetheweg den aussichtsreichen Rastplatz am Eckersprung **03**, der Quelle der Ecker, und mündet wenig später auf den mit Betonwaben ausgelegten Kolonnenweg, der links zur Trasse der Brockenbahn hinaufführt und der Bahnlinie aufwärts folgt. Dieser Neue Goetheweg (der alte führt über den Königsberg) ist hier passagenweise mit Bohlen ausgelegt, ein Aussichtsturmgerüst bietet Einblick in das Goethemoor. Oben mündet der Weg auf die Brockenstraße, auf der es hinauf zum Gipfel des Brocken 04 geht.

Der Rückweg erfolgt auf derselben Route zurück zum Ausgangspunkt in Torfhaus 01.

Variante: Wer nicht denselben Weg zurück nehmen möchte, wählt die Tour 12 in umgekehrter Richtung nach Bad Harzburg und fährt mit dem Bus zum Startpunkt.

Oder man fährt mit der Brockenbahn und weiteren öffentlichen Vekehrsmitteln mit mehrmaligem Umsteigen zurück zum Startpunkt in Torfhaus 01.

Swingin' Hunsrück

ZU EINER DER **LÄNGSTEN HÄNGESEILBRÜCKEN** EUROPAS

62 Tonnen ist das 306 Meter lange und aus der Ferne so zart erscheinende Gespinst schwer, 76,5 Tonnen vermag es 100 Meter über dem Mörsdorfer Bachtal zu tragen. Da können neben uns auch noch ein paar andere drüberschaukeln ...

Die Geierlay-Brücke zwischen den Hunsrücker Ortschaften Mörsdorf und Sosberg wurde nach dem Vorbild nepalesischer Hängeseilbrücken erbaut. Eröffnet hat man sie am 3. Oktober 2015 und schon im ersten Betriebsjahr haben sie mehr als 100.000 Menschen überquert. Bis vor Kurzem war sie die längste Hängeseilbrücke Deutschlands. Das filigrane und doch höchst solide Bauwerk kann kostenlos begangen werden und ist ganzjährig geöffnet, außer bei Sturm und Gewitter. Doch die leise Vibration des Bodens mag so manchen Besucher:innen auch schon bei Sonnenschein und Windstille ein wenig suspekt erscheinen ...
Die Brücke ist ab Mörsdorf ausschließlich zu Fuß oder mit dem Rad zu erreichen. Und wer sich traut, kann ihre aussichtsreiche Überschreitung in eine zauberhafte Rundwanderung einbauen. Info: www.geierlay.de

---

HÖHER, GRÖSSER, WEITER ...

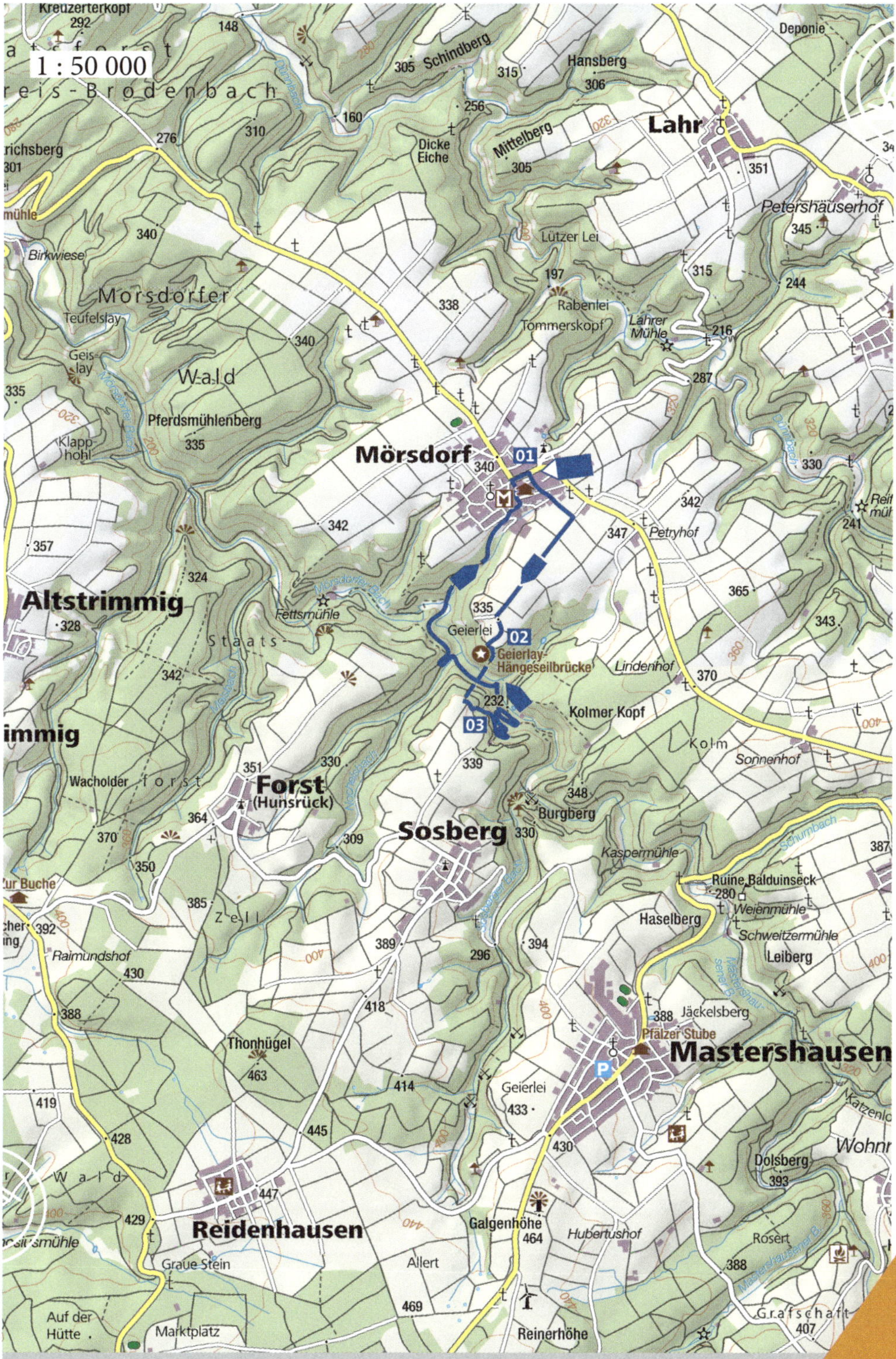
1 : 50 000
Kreuzerterkopf
292
148
Schindberg
305
315
Hansberg
306
Deponie
160
256
Dicke Eiche
Mittelberg
305
310
276
Lahr
351
Petershäuserhof
345
Lützer Lei
340
Birkwiese
197
Rabenlei
Tommerskopf
Lahrer Mühle
315
244
216
287
338
340
Morsdorfer
Teufelslay
Geis-lay
Wald
Pferdsmühlenberg
335
Klapp-hohl
Mörsdorf
340
01
342
347
Petryhof
330
241
357
324
Altstrimmig
328
Fettsmühle
335
Geierlei
02
Geierlay-Hängeseilbrücke
365
343
Lindenhof
370
342
Staats
232
03
Kolmer Kopf
Kolm
Sonnenhof
immig
351
Forst (Hunsrück)
330
339
Wacholder forst
364
348
Burgberg
Sosberg
330
370
309
350
Kaspermühle
387
Zur Buche
Ruine Balduinseck
280
Weienmühle
Schweitzermühle
Haselberg
385
Zell
392
389
296
394
Leiberg
Raimundshof
430
418
388
Jäckelsberg
Pfälzer Stube
Mastershausen
388
Thonhügel
463
414
Geierlei
433
419
445
430
428
Wald
Dolsberg
393
447
Wohnr
Reidenhausen
429
Galgenhöhe
464
Hubertushof
Rosert
388
Graue Stein
Allert
469
Auf der Hütte
Marktplatz
Reinerhöhe
Grafschaft
407

Mörsdorf – Hängeseilbrücke Geierlay

Ein guter Weg führt zur Respekt einflößenden Hängeseilbrücke Geierlay. Auf Waldwegen geht es zurück. Die Überquerung der Brücke ist ein faszinierendes Erlebnis, sofern man keine Höhenangst hat – schwindelfrei muss man allemal sein!

DISTANZ: **6,5 KM**
DAUER: **2:30 H**

ANSTIEG: **170 HM**
ANSPRUCH: **LEICHT**

Vom Besucherzentrum in Mörsdorf **01**, 9 km südöstlich von Treis-Karden an der Mosel, marschieren wir ortseinwärts entlang der Kastellauner Straße. Den grauen Schildern mit dem Geierlay-Logo folgend links auf den Bucher Weg und durch die Flur zum Mörsdorfer Brückenkopf **02** am Mückenberg.

Nach der abenteuerlichen Überquerung der Hängeseilbrücke Geierlay geht es hinter dem Soosberger Brückenkopf in einigen Kurven links ins Mörsdorfer Bachtal hinab. Weiter wandern wir dort links auf den Saar-Hunsrück-Steig **03** Richtung Blankenrath, am 5-Wege-Platz vorbei, über den Mörsdorfer Bach und über die Zuwegung des Saar-Hunsrück-Steiges steil bergan nach Mörsdorf **01** zurück.

13

Nichts für Schnarcher!

DIE **SCHNARCHERKLIPPEN**, EIN ZIEL FÜR AUFGEWECKTE

Normalerweise wandert man ja los, um Sorge und „Elend“ zu vergessen. In diesem Fall geht das nicht. Und noch dazu ertönt weiter oben ein Geräusch, das ans Schnarchen erinnert – zumindest dann, wenn der Südwestwind um die Felsen weht.

Sorge und Elend gibt's im Harz tatsächlich, wenngleich hoffentlich nur als Ortsnamen: Der eine Ortsteil der Stadt Oberharz am Fuße des Brocken ist eines der kleinsten, aber auch der schönsten Dörfer des Landkreises Harz. Der Ortsname deutet auf den Begriff Zarge (= Grenze) hin. Den anderen Ortsteil von Oberharz wählen wir diesmal als Touren-Startpunkt. Das fast 200 Meter tiefe Elendstal, in dem die Kalte Bode durch einen der schönsten Waldgräben im Harz plätschert, steht unter Naturschutz. Darüber bilden die seltsam abgerundeten Schnarcherklippen ein alles andere als verschnarchtes Wanderziel. Sie erscheinen in Goethes Faust I, und zwar in der Walpurgisnachtszene. Und man sollte als Orientierungshilfe dort eher GPS nehmen: Geheime Kräfte lenken dort die magnetische Kompassnadel ein wenig aus der Nordrichtung.

WO GIBT'S DENN SOWAS?

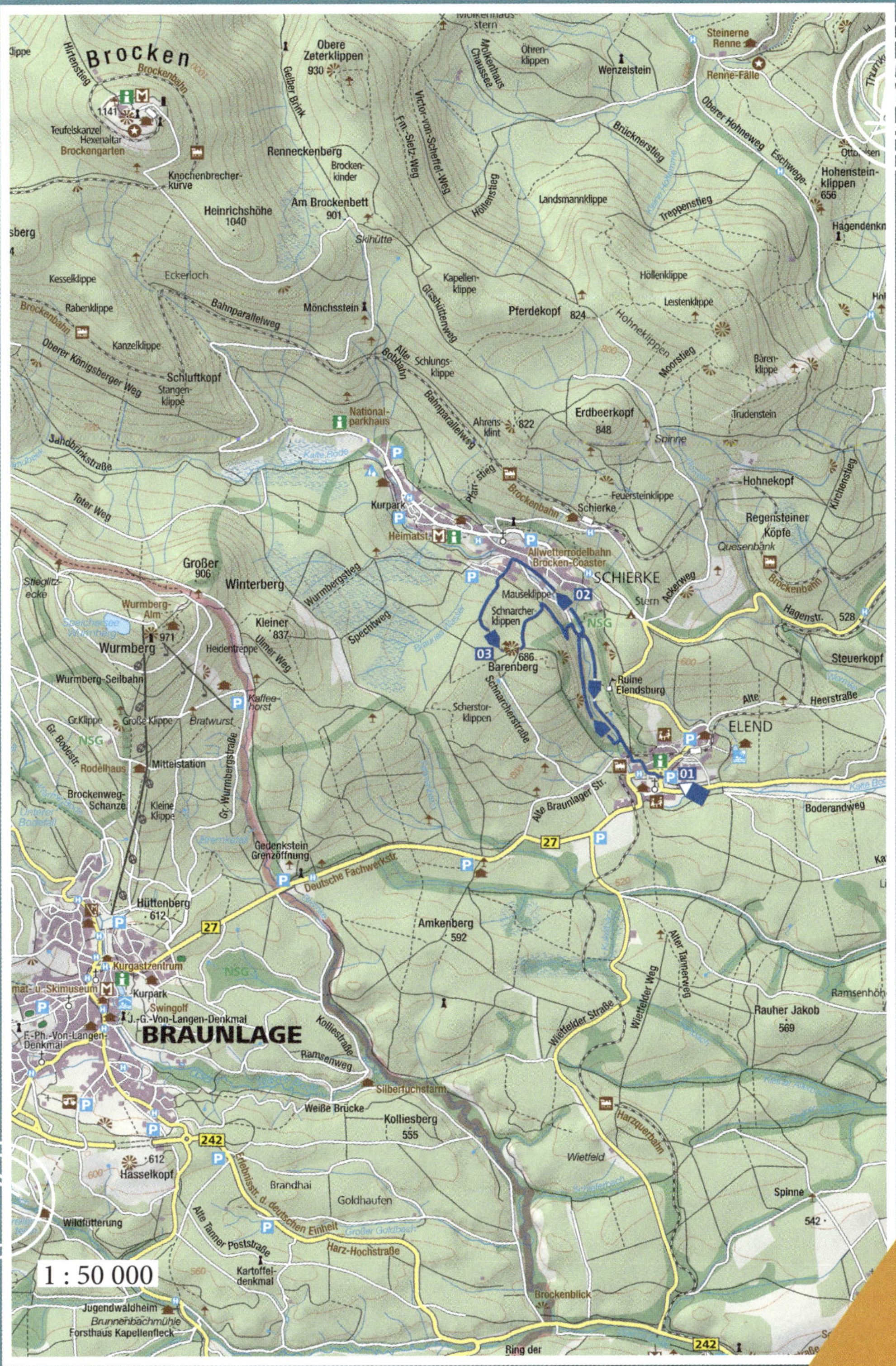
Brocken
Brockenbahn
1141
Teufelskanzel
Hexenaltar
Brockengarten
Knochenbrecher-
kurve
Hirtenstieg
Obere
Zeterklippen
930
Geiße Brink
Renneckenberg
Brocken-
kinder
Am Brockenbett
901
Heinrichshöhe
1040
Skihütte
Molkenhaus
stern
Molkenhaus
Chaussee
Victor-von-Scheffel-Weg
Fm.-Sietz-Weg
Ohren-
klippen
Wenzelstein
Steinerne
Renne
Renne-Fälle
Oberer Hohneweg
Eschweg
Bricknerstieg
Hohnstein-
klippen
656
Hagendenkm.
Höllenstieg
Landsmannklippe
Treppenstieg
Kesselklippe
Rabenklippe
Eckerloch
Bahnparallelweg
Mönchsstein
Glashüttenweg
Kapellen-
klippe
Pferdekopf
824
Höllenklippe
Leistenklippe
Hohneklippen
Moorstieg
Kanzelklippe
Oberer Königsberger Weg
Schluftkopf
Stangen-
klippe
Alte Bobbahn
Schlungs-
klippe
Bären-
klippe
Ahrens
klint
822
Erdbeerkopf
848
Trudenstein
National-
parkhaus
Spinne
Sandbrinkstraße
Kalte Bode
Pfarrstieg
Brockenbahn
Hohnekopf
Feuersteinklippe
Kirchenstieg
Toter Weg
Kurpark
Schierke
Regensteiner
Köpfe
Quesenbank
Heimatst.
Allwetterrodelbahn
Brocken-Coaster
SCHIERKE
Brockenbahn
Großer
906
Winterberg
Wurmbergstieg
Mauseklippe
02
NSG
Stern
Ackerweg
Hagenstr.
528
Stieglitz-
ecke
Wurmberg-
Alm
971
Wurmberg
Kleiner
837
Heidentreppe
Ulmer Weg
Spechtweg
Schnarcher-
klippen
03
686
Barenberg
Steuerkopf
Wurmberg-Seilbahn
Schnarcherstraße
Ruine
Elendsburg
Alte
Heerstraße
Kaffee-
horst
Gr.Klippe
Große Klippe
Bratwurst
Scherstor-
klippen
ELEND
NSG
Gr. Bodestr.
Rodelhaus
Mitteistation
Gr. Wurmbergstraße
01
Brockenweg-
Schanze
Kleine
Klippe
Alte Braunlager Str.
Boderandweg
Gedenkstein
Grenzöffnung
27
Deutsche Fachwerkstr.
Hüttenberg
612
27
Amkenberg
592
Kurgastzentrum
Alter Tannerweg
Wietfelder Weg
Wietfelder Straße
Ramsenhöhe
Skimuseum
Kurpark
Swingolf
J.-G.-Von-Langen-Denkmal
Rauher Jakob
569
F.-Ph.-Von-Langen-
Denkmal
BRAUNLAGE
Kolliestraße
Ramsenweg
Silberfuchsfarm
Weiße Brücke
Kolliesberg
555
Harzquerbahn
242
612
Hasselkopf
Wietfeld
Brandhai
Goldhaufen
Erlebnisstr. d. deutschen Einheit
Spinne
542
Wildfütterung
Alte Tanner Poststraße
Harz-Hochstraße
Kartoffel-
denkmal
1 : 50 000
Brockenblick
Jugendwaldheim
Brunnenbachmühle
Forsthaus Kapellenfleck
Ring der
242

Elend – Schnarcherklippen

Bequeme Talwanderung; lediglich der Aufstieg zu den Schnarcherklippen ist steil.

DISTANZ: **8 KM**
DAUER: **3:00 H**
ANSTIEG: **166 HM**
ANSPRUCH: **LEICHT**

In der Ortsmitte des Luftkurorts Elend **01**, einem Ortsteil von Oberharz (Parkplatz an der Braunlager Straße B27, Buslinie Schierke–Wernigerode und Braunlage) steht bei uralten Eichen die kleinste Holzkirche im Harz. Vom Kreisverkehr beim Parkplatz, Kirche und Bushaltestelle führt die Braunlager Straße kurz Richtung Braunlage, bis rechts das Elendstal und der Wanderweg „Rund um den Brocken" ausgeschildert sind. Durch die Wiesen geht es dem Wald zu, dort kurz links und nach Unterqueren der Harzquerbahntrasse in das Naturschutzgebiet Elendstal.

Gleich am Anfang ragt links der Talwächter auf, eine 41 m hohe und über 140 Jahre alte Fichte. Begleitet vom Rauschen der Kalten Bode folgen wir dem mit Lehrtafeln versehenen Forstweg in sachtem Anstieg aufwärts, wechseln an der ersten Stegbrücke das Ufer und folgen dem Boderandweg aufwärts.

Dieses pfadartige, naturnahe Weglein führt teils in Ufernähe, teils oben im Hang durch die Wälder, während unten der Fluss in Kaskaden über Blockwerk gischtet – ein sehr schöner Weg. Felsige Steilhangpassagen sind geländergesichert, zwischendurch laden alte Bänke zur Rast. Je weiter wir wandern, desto höher werden die Kaskaden, dann mündet der Weg an der ersten Brücke wieder auf den Forstweg; direkt vor der Einmündung zweigt links hinauf ein Weg zu den Schnarcherklippen ab (gelbes Quadrat). Über dem Westufer folgt der Wanderweg „Rund um den Brocken" der Kalten Bode weiter aufwärts, und wenn das Naturschutzgebiet endet, sind die ersten

Häuser des Luftkurorts Schierke 02 erreicht.

An der Bodebrücke verlassen wir den Wanderweg „Rund um den Brocken" und steigen links hinauf zum Hotel „Bodeblick" im Hang des Barenbergs. Bergseitig des Hotels „Bodeblick" zweigt der Wanderweg Richtung Schnarcherklippen ab.

Am Waldrand wechseln wir links auf einen Hangweg (gelbes Quadrat) und zweigen wenig später rechts auf einen ausgeschilderten Pfad ab, der recht steil in einem Wiederaufforstungsgelände zu den beiden wollsackverwitterten Felstürmen der Schnarcherklippen 03 führt. Die nördliche ist auf Leitern ersteigbar und gewährt ein beachtliches Hochharz-Panorama. Von den Klippen kehren wir zurück zum Hangweg „gelbes Quadrat" und folgen diesem Weg dann rechts zurück zur Brücke im Elendstal. Für die Rückkehr nach Elend 01 wählen wir den bequemen Forstweg mit den informativen Naturlehrpfadtafeln.

15 Ruhrgebiet

Abraum für Abräumer

AUF DIE HOHE **HALDE HANIEL**

Höhenflüge auf einer Halde? Warum nicht, denn im Ruhrpott gibt's ja genug von diesen Riesenhaufen, die aus den Abfallprodukten des Bergbaus entstanden und teils zu grünen Oasen geworden sind.

Als die höchste davon, die ständig zugänglich ist, gilt die Halde Haniel, die sich etwa 118 Meter emporreckt. Dies und ihre zentrale Lage an der Stadtgrenze von Bottrop und Oberhausen verspricht eine äußerst lohnende Aussicht. Entstanden ist sie so wie alle Halden durch das Aufschütten (in der Bergmannssprache Absetzen, Verkippen, Verstürzen) von Abraum, dem tauben, also wertlosen Gestein aus einem Tagebau.
Wir erklimmen die Halde gleich zu Beginn der hier vorgestellten Tour und drehen dann, gleichsam zur Vertiefung der Eindrücke, eine Runde durch das Naturschutzgebiet Grafenmühle an ihrem Fuß. Alles in allem erleben wir dabei, wie man aus Grau Bunt gemacht hat. Die Kunstwerke auf den Halden setzen im ganzen Ruhrgebiet positive Akzente und bilden vor allem einzigartige Fotospots!

WO GIBT'S DENN SOWAS?

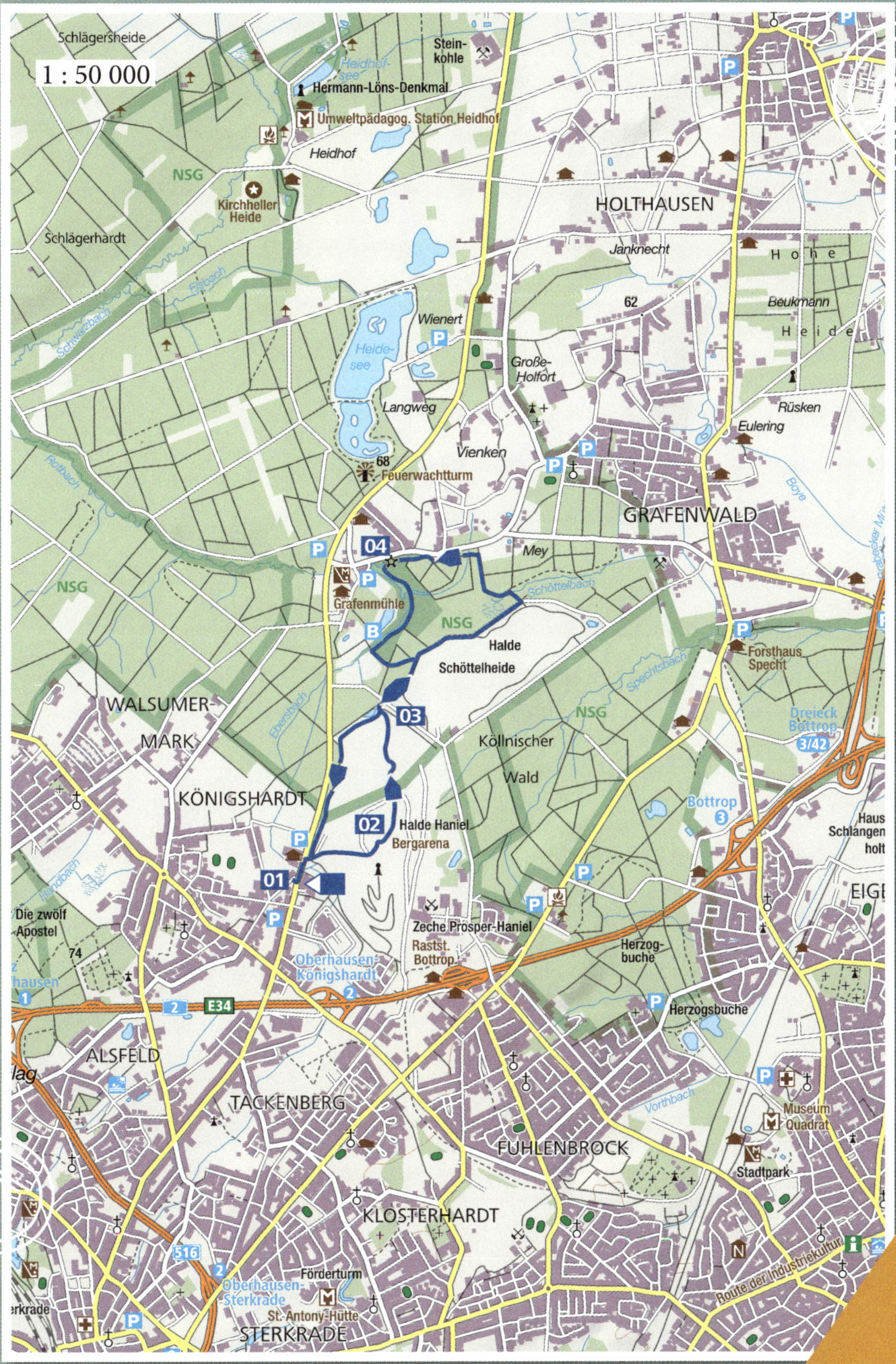
1 : 50 000
Schlägersheide
Stein-kohle
Hermann-Löns-Denkmal
Umweltpädagog. Station Heidhof
Heidhof
NSG
Kirchheller Heide
Schlägerhardt
HOLTHAUSEN
Janknecht
Hohe
Beukmann
Heide
62
Wienert
Heide-see
Große-Holfort
Langweg
Rüsken
Eulering
Vienken
68
Feuerwachtturm
GRAFENWALD
04
Mey
Grafenmühle
NSG
Schöttelbach
Halde
Schöttelheide
Forsthaus Specht
WALSUMER-MARK
03
NSG
Dreieck Bottrop
3/42
Köllnischer Wald
KÖNIGSHARDT
Bottrop 3
02
Halde Haniel
Bergarena
Haus Schlangenholt
01
Die zwölf Apostel
74
Zeche Prosper-Haniel
Raststätte Bottrop
Herzog-buche
Oberhausen-Königshardt
Herzogsbuche
E34
ALSFELD
TACKENBERG
Museum Quadrat
FUHLENBROCK
Stadtpark
KLOSTERHARDT
516
Förderturm
Oberhausen-Sterkrade
St. Antony-Hütte
STERKRADE
Route der Industriekultur

Halde Haniel

Eine ausgedehnte Rund- und Haldenbergtour, die unterwegs mit Kunstinstallationen, Spuren der Geschichte und landschaftlichen Highlights für viel Abwechslung sorgt. Da die Tour an vielen Stellen variiert und abgekürzt werden kann, ist sie trotz einiger Höhenmeter familientauglich.

DISTANZ: **8,7 KM**
DAUER: **2:30 H**
ANSTIEG: **260 HM**
ANSPRUCH: **MITTEL**

Startpunkt ist die Haltestelle Oberhausen Everslohstraße mit dem Parkplatz Halde Haniel 01 in Königshardt, nördlich von Oberhausen und nordwestlich von Bottrop (Bus 952 von Sterkrade-Bahnhof in Oberhausen). Von dort folgen wir links bzw. nordwärts der Kirchhellener Straße.

An einem weiteren Parkplatz biegen wir rechts ab und halten auf die Halde zu. Es gibt hier mehrere Aufstiegsmöglichkeiten zur Auswahl. So könnten wir auch weiter südlich über den deutlich flacheren, dafür aber zeitaufwendigeren Kreuzweg aufsteigen. Nehmen wir die direkte, sportliche und kurze Variante, sind wir in schweißtreibenden 10 bis 15 Minuten oben auf dem Plateau 02 angekommen. Dort erblicken wir erst die Greifer-Skulptur, dann, ganz oben, das Amphitheater, das wie ein kleiner Vulkankrater in den Gipfel eingelassen ist. Wir umrunden den „Krater" gegen den Uhrzeigersinn und genießen eine umwerfende Aussicht. Es geht nun leicht bergab und wir kommen an dem kleinen See vorbei, der sich hier oben nach und nach bildet. Wir halten uns weiter an der rechten Seite an der Oberkante des Plateaus, um an seine gegenüberliegende Nordseite zu gelangen. Dort kreuzen wir zwei breite Fahrwege, bevor wir das Plateau verlassen und absteigen.

Auch hier gibt es wieder mehrere Möglichkeiten, wir wählen wieder den direkten, steileren Trampelpfad. Hier sind weniger Mountainbiker unterwegs als auf den flacheren Querwegen. Unten angekommen könnten wir die Tour beenden, indem wir einfach am Fuß der Halde links zurück zum Ausgangspunkt wandern. Es empfiehlt sich aber, die folgende Schleife noch mitzunehmen und das Wandererlebnis so erst richtig „rund“ zu machen. Wir halten uns also rechts und folgen dem breiten Weg zu einer Kreuzung mit Infotafel. Hier geradeaus weiter, sodass wir links an der Halde Schöttelheide vorbeigehen. Etwa 1,3 Kilometer legen wir am Fuß der Halde zurück, bis wir an einer Abzweigung links auf den Wanderweg X22 in das NSG Grafenmühle abbiegen. Wir folgen nun der Markierung X22 durch den Grafenwald.

Kurz vor der Straße „Zur Grafenmühle“ halten wir uns links und parallel zur Straße im Wald, dem Waldweg Richtung Grafenmühle folgend. Die Grafenmühle und der Teich laden zur Rast oder Einkehr ein.

Unser Weg biegt vor dem Grafenmühler Teich scharf links ab und folgt als Drei-Bäche-Pfad dem Ebersbach mehreren Bachverläufen. Zwei kleine, dicht aufeinanderfolgende Abzweigungen lassen wir links liegen, bevor wir nach weiteren etwa 400 Metern links abbiegen. Wir befinden uns nun auf dem Weg zur Halde Schöttelheide und treffen wieder auf unseren Hinweg. Wir folgen diesem bis zum Fuß der Halde Haniel, die wir nun links liegenlassend passieren. Dabei können wir dem breiten, flachen Weg oder dem leicht auf- und abführenden Pfad am Hangfuß folgen. Beide führen uns zurück zum Parkplatz an der Kirchhellener Straße sowie zum Ausgangspunkt unserer Wanderung 01.

Hüttengaudi im Ruhrpott

HOCHÖFEN ALS **ERHOLUNGSOASE FÜR GROSSSTÄDTER**

Rund 20 Jahre hat es gedauert, bis aus dem 1985 stillgelegten Hüttenwerk Meiderich des Thyssen-Konzerns eine touristische Attraktion und eines der beliebtesten Naherholungsgebiete in Duisburgs Norden geworden ist.

Im Landschaftspark Duisburg-Nord wurde die fotogene Hochofenkulisse des wahrscheinlich größten menschengemachten Mittelgebirges der Welt zu einer bekannte Event-Adresse – und sie hat sogar eine eigene Alpenvereinshütte. Die britische Tageszeitung „The Guardian" wählte den Park unter die zehn schönsten Großstadtoasen der Welt.

Die im Folgenden vorgestellte, dank etlicher Infotafeln recht lehrreiche Wanderung führt durch einen Teil des 180 Hektar großen Areals. Nicht alles ist dort idyllisch, aber auf jeden Fall typisch für das Ruhrgebiet!

WO GIBT'S DENN SOWAS?

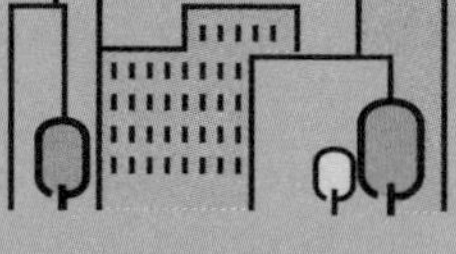

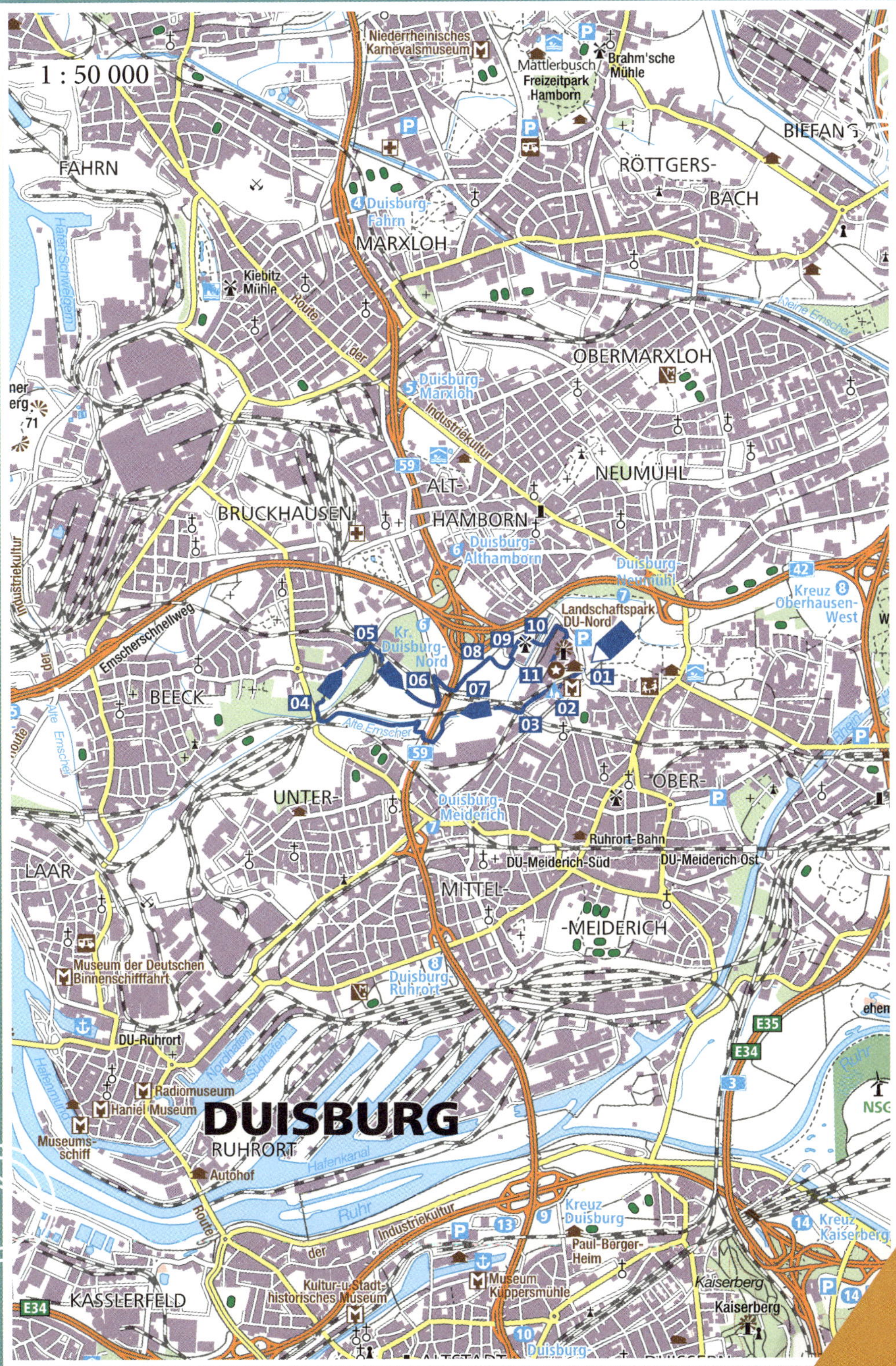
1 : 50 000
Niederrheinisches Karnevalsmuseum
Mattlerbusch
Freizeitpark Hamborn
Brahm'sche Mühle
BIEFANG
FAHRN
RÖTTGERS-BACH
4 Duisburg-Fahrn
MARXLOH
Kiebitz Mühle
Hafen Schwelgern
Route der Industriekultur
OBERMARXLOH
Kleine Emscher
5 Duisburg-Marxloh
59
ALT-HAMBORN
NEUMÜHL
BRUCKHAUSEN
6 Duisburg-Althamborn
Duisburg-Neumühl
42
Kreuz Oberhausen-West
7
Landschaftspark DU-Nord
Emscherschnellweg
Kr. Duisburg-Nord
6
05
06
07
08
09
10
11
01
02
03
04
BEECK
Alte Emscher
59
UNTER-
OBER-
MEIDERICH
Duisburg-Meiderich
Ruhrort-Bahn
DU-Meiderich-Süd
DU-Meiderich Ost
LAAR
MITTEL-
-MEIDERICH
Museum der Deutschen Binnenschifffahrt
8 Duisburg-Ruhrort
DU-Ruhrort
Nordhafen
Südhafen
Radiomuseum
Haniel Museum
Hafenmund
Museumsschiff
DUISBURG
RUHRORT
Autohof
Hafenkanal
Ruhr
E35
E34
3
NSG
Kreuz Duisburg
9
13
Paul-Borger-Heim
14 Kreuz Kaiserberg
Kaiserberg
14
Kultur- u. Stadt-historisches Museum
Museum Küppersmühle
KASSLERFELD
E34
10 Duisburg

Der Landschaftspark Duisburg-Nord

An sich eine einfache Wanderung, für Kinder ist der Westteil des Landschaftsparks jedoch eher uninteressant.

DISTANZ: **6,1 KM**
DAUER: **2:45 H**
ANSTIEG: 33 **HM**
ANSPRUCH: **LEICHT**

Wir gehen von den Parkplätzen **01** kurz zum Eingang des Hüttenwerks Meiderich, 5 km nordöstlich vom Stadtzentrum von Duisburg (Pförtnerhaus). Links steht das Besucherzentrum **02** (Restaurant Hauptschalthaus), dort erhält man einen Plan des Parks. Wir bleiben links der stillgelegten Gleise.

Vorbei am Schalthaus und der Jugendherberge erreichen wir eine Bahnunterführung **03** mit einer Pipeline. Wir halten uns danach rechts, queren Gleise und folgen dann der Alten Emscher. Bei der Fluss-Unterführung müssen wir einen kleinen Umweg bis zur nächsten Fußgängerüberquerung in Kauf nehmen. Der Wanderweg folgt nun dem linken Emscherufer, bis der Fluss erneut unterirdisch weitergeführt wird. Hier wird man leicht ansteigend zur Papiermühlenstraße geleitet. Dort halten wir uns gleich nach der Rampe **04** rechts und laufen an den Häuschen des Kleingartenvereins Möhlenkamp vorbei. Der Wanderweg verläuft rechts der Möhlenkampstraße zu zwei Eisenbahnbrücken. Achtung! Zwischen diesen führen rechts Treppen **05** hinauf zu einem verlassenen Stellwerk.

Wir steuern auf eine imposante Ahornallee **06** zu, dort halten wir uns links, gehen durch ein Metalltor, bleiben danach links und folgen der Hamborner Straße unter den Gleisen hindurch. Gleich danach geht es rechts ab, die A 59 wird ein zweites Mal gequert. Geradeaus folgt ein Radweg der alten Bahntrasse, wir halten uns an der Verzweigung aber links und an der gleich folgenden Weggabelung **07** rechts leicht abwärts

16

Richtung Pipeline. Ein breiter Teerweg leitet durchs Grüne Richtung Nordosten; wir folgen ihm bis zum Tor in den Stadtrandgarten 08. Nach dem Verlassen des Gartenareals halten wir uns links und erreichen den Sinterplatz 09 nahe dem Windenergieturm

Über den Sinterplatz schaut man auf den „Monte Schlacko", von dem aus man einen erhöhten Panoramablick über das Industriedenkmal hat. Wir queren die Alte Emscher und erreichen die Erzbunkertaschen 10. Über den Spielplatz erreicht man den Bunkersteg - er bietet einen erhöhten Blick auf den Hochofen. Früher endeten hier Gleise, mit denen per Bahn die Rohstoffe für die Roheisenschmelze angeliefert wurden. Wir umrunden die Bunkeranlage und kommen zur Nordparkhütte der DAV-Sektion Duisburg. Vorbei an der Bunkeranlage gehen wir auf den Hochofen 5 zu. In Öfen wie dem Hochofen 5 11 wurden zusammen mit vielen anderen Zuschlagstoffen Erze bei rund 2.000 Grad Hitze zu Roheisen geschmolzen; er ist der einzige, der frei begehbar ist. Über den mit Bäumen begrünten Platz vor dem Hochofen erreichen wir wieder das Pförtnerhaus und die Parkplätze 01.

Neugierig aufs Neandertal?

INS LAND DER **ERSTEN EUROPÄER:INNEN**

Kaum zu glauben dass die ersten Menschen auf unserem Kontinent den Namen eines Kirchenlied-Dichters tragen. Nach Joachim Neander wurde ein Tal bezeichnet – und dort fand man im 19. Jahrhundert fossile Reste eines Urzeitmenschen.

Eine schöne Wanderung dorthin führt uns ins Tal der Düssel, das teils vom Kalkabbau völlig zerstört, teils aber recht naturnah als Schutzgebiet erhalten geblieben ist. Berühmt wurde dieser Abschnitt, das nach dem genannten evangelischen Geistlichen benannte Neandertal, also durch die Entdeckung der versteinerten Gebeine des daraufhin so benannten Homo neanderthalensis, der dort auch während der letzten Eiszeit lebte und vom später ebenfalls aus Afrika eingewanderten Homo sapiens verdrängt wurde.
Dessen Nachfahren schätzen die Wanderwege rund um Düsseldorf und die Erlebniswelt Neandertal sehr, denn sie bieten eine atemberaubende Mischung aus Urgeschichte und Industriekultur, Natur aus zweiter Hand und botanischen Raritäten.
Info: www.neanderthal.de

SAGENHAFT!

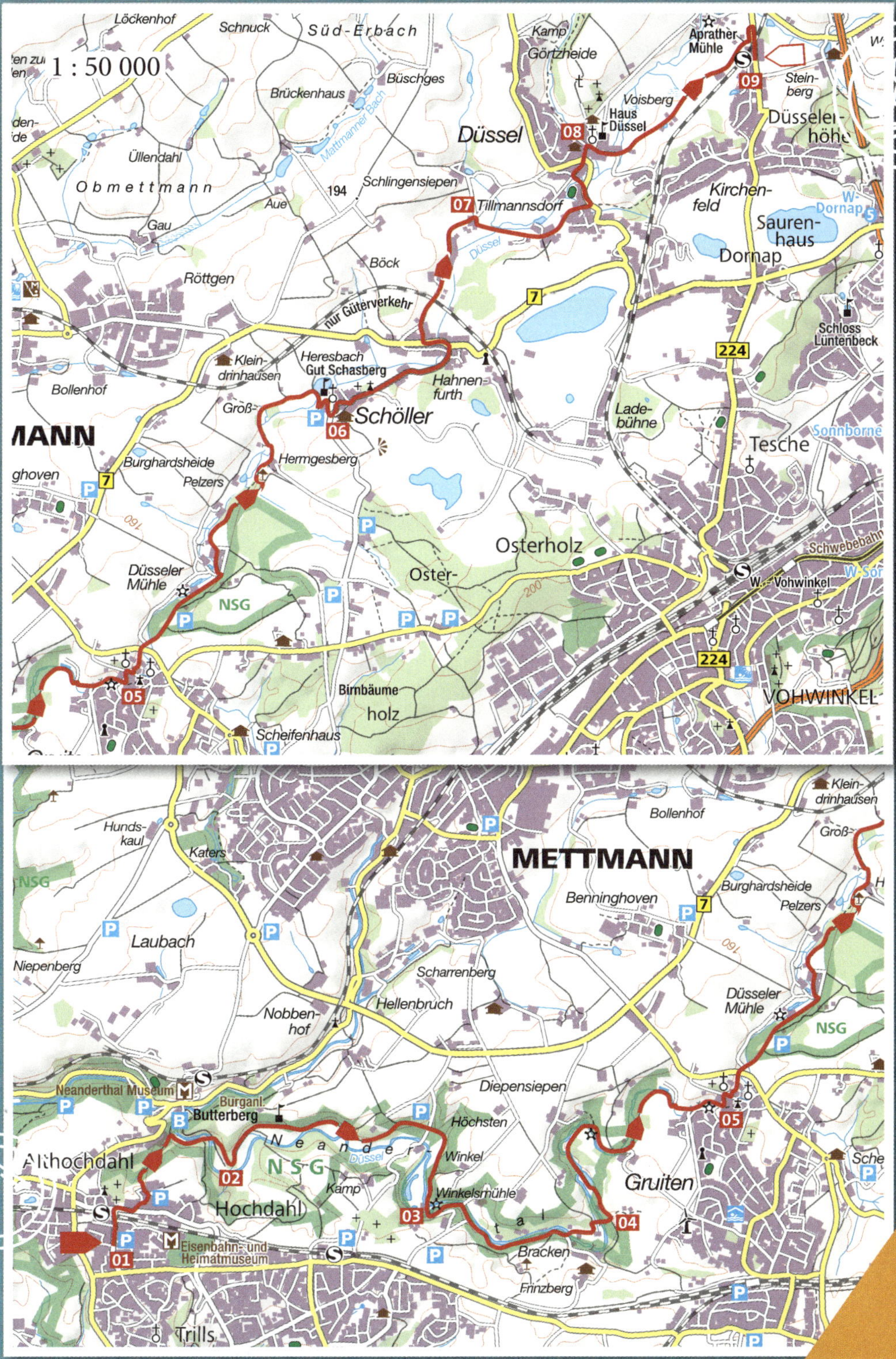
1 : 50 000
Löckenhof
Schnuck
Süd-Erbach
Büschges
Brückenhaus
Mettmanner Bach
Üllendahl
Obmettmann
Aue
194
Schlingensiepen
Gau
Röttgen
Böck
nur Güterverkehr
Bollenhof
Klein-
drinhausen
Heresbach
Gut Schasberg
Groß-
Schöller
Hahnen-
furth
MANN
Burghardsheide
Pelzers
Hermgesberg
ghoven
Düsseler
Mühle
NSG
Oster-
Osterholz
Birnbäume
holz
Scheifenhaus
Kamp
Görtzheide
Aprather
Mühle
Voisberg
Haus
Düssel
Düssel
Tillmannsdorf
Stein-
berg
Düsseler-
höhe
Kirchen-
feld
Sauren-
haus
Dornap
W-
Dornap
Schloss
Lüntenbeck
Lade-
bühne
Sonnborn
Tesche
Schwebebahn
W.-Vohwinkel
VOHWINKEL
7
224
01
02
03
04
05
06
07
08
09
Hunds-
kaul
Katers
Laubach
Niepenberg
METTMANN
Benninghoven
Bollenhof
Klein-
drinhausen
Groß-
Burghardsheide
Pelzers
Scharrenberg
Hellenbruch
Nobben-
hof
Düsseler
Mühle
Neanderthal Museum
Burganl.
Butterberg
Diepensiepen
Höchsten
Neandertal
Düssel
Winkel
Winkelsmühle
Kamp
Althochdahl
Hochdahl
Eisenbahn- und
Heimatmuseum
Bracken
Frinzberg
Gruiten
Trills

Durchs Neandertal

Geringe Steigungen auf unterschiedlichen Wegen; Feldwege, Teerwege, Pfade – alles ist vertreten.

DISTANZ: **17,3 KM**
DAUER: **4:40 H**
ANSTIEG: **170 HM**
ANSPRUCH: **MITTEL**

Wir beginnen unsere Wanderung an der S-Bahn Haltestelle Hochdahl **01**, circa 11 km östlich vom Düsseldofer Stadtzentrum. Fürs Erste folgen wir nun der Rauten-Markierung nach rechts auf die Hauptstraße, dann links in die Straße „Thekhaus". Der Weg führt uns nach links hinab. An der Gabelung im Naturschutzgebiet biegen wir nach rechts in den Weg „Thekhauser Quall" ab (X30, Neandertalweg). Vorbei an der Steinzeit-Werkstatt des Neanderthal-Museums und über die Düssel. Nach wenigen Hundert Metern erreichen wir das Wildtiergehege **02**. Wir folgen nun immer diesem Weg, bis wir bei der Winkelsmühle **03** wieder den Fluss queren. Wir folgen weiter der Raute dem Fluss entlang. Nach 15 Minuten halten wir uns an der Gabelung nach links über die Düssel und wandern am Haus Bracken vorbei.

Nach nur wenigen Hundert Metern verlassen wir den Asphaltweg und biegen in der Linkskurve nach rechts auf einen Pfad ab. Kurze Zeit später kreuzen wir wieder den Fluss, halten uns danach links und begegnen dem Bergischen Weg **04**.

Auf einem Fahrweg wandern wir an Teichen vorbei nach Gruiten **05**. Im Örtchen halten wir uns links zur L423, die wir überqueren. Auf der Straße „Am Steinbruch" geht es über die Düssel, an der Gabelung halten wir uns links auf einen ungeteerten Weg. Nach 600 Metern halten wir uns links, hinab zur Düssel, und folgen ihr nach rechts. Auf einem Spazierweg geht es nun geradeaus ins Landschaftsschutzgebiet hinauf durch eine ehemalige Kalksteingrube. Kurz hinter dem Schutzhäuschen biegen wir nach links auf einen steilen Pfad hinab ab. Wir wenden uns an der Kreuzung nach rechts, bald wieder links zur Düssel (wieder Bergischer Weg). Bei einen Teich biegen wir rechts ab und folgen dem Weg hinauf bis Schöller 06. Am Wehrturm nach links, dann rechts halten und der K17 folgen. Wir wandern nun neben der Straße, bis wir die B7 erreichen. Hier links, wieder über die Düssel, dann gleich rechts auf einen Wiesenweg. An seinem Ende halten wir uns rechts, weiter auf dem Fahrweg unter den Gleisen hindurch. Nach 10 Minuten an einer großen Kreuzung bei Tillmannsdorf 07 nach rechts in den Dorfmühlenweg abbiegen. Wieder queren wir den Fluss und wandern zur L422. Dort links, am Sportplatz geradeaus in die Straße „Hohlweg". Bald geht es nach rechts in die Dorfstraße, vor zur Ampel und dort nochmals über die L422. Wir sind in Düssel 08 angekommen und gehen nun bis zur Ortsmitte. An der Kirche geht es nach rechts. Zuletzt wandern wir auf dem Neandertal-Zuweg Richtung Bahnhof Aprath. Geradeaus geht es auf den Kirchfelder Weg, dann weiter auf den Voisberger Weg; wieder überqueren wir den Fluss. Nach gut 20 Minuten erreichen wir die S-Bahn-Haltestelle Wülfrath-Aprath 09. Die Rückfahrt erfolgt mit der S-Bahn.

18 Sächsische Schweiz

Felsiger Affenzirkus

ZU DEN **AFFENSTEINEN** HOCH ÜBER DER ELBE

Klettern wie die Affen – das lässt sich in der Sächsischen Schweiz lernen. Das Elbsandsteingebirge gilt als eines der besten Kletterreviere Europas, in dem Sportgeschichte geschrieben wurde.

Wandern kann man zwischen den bizarren Felstürmen beiderseits der Elbe in Sachsen und der angrenzenden Tschechischen Republik natürlich auch wunderbar. Die Affensteine sind eines der schönsten dieser Outdoor-Paradiese, denn die Pfade führen dort durch ein besonders stark zerklüftetes Felsgebiet – zum Beispiel zur Oberen Affensteinpromenade. Dieser Wanderpfad bietet eine wunderschöne Sicht zu den Tafelbergen der Umgebung. Im Gebiet der Affensteine findet man Gastronomie nur in den Tälern, es gibt dort aber die größte Anzahl von „Boofen", in denen Freiübernachtungen erlaubt sind.Dieser jahrzentelangen Tradition frönen auch heute noch viele alte und junge Wanderfans. Selbst der spektakulärste Klettersteig, die Häntzschelstiege, befindet sich im Bereich der Affensteine.
Info: www.saechsisch-boehmische-schweiz.de

WO GIBT'S DENN SOWAS?

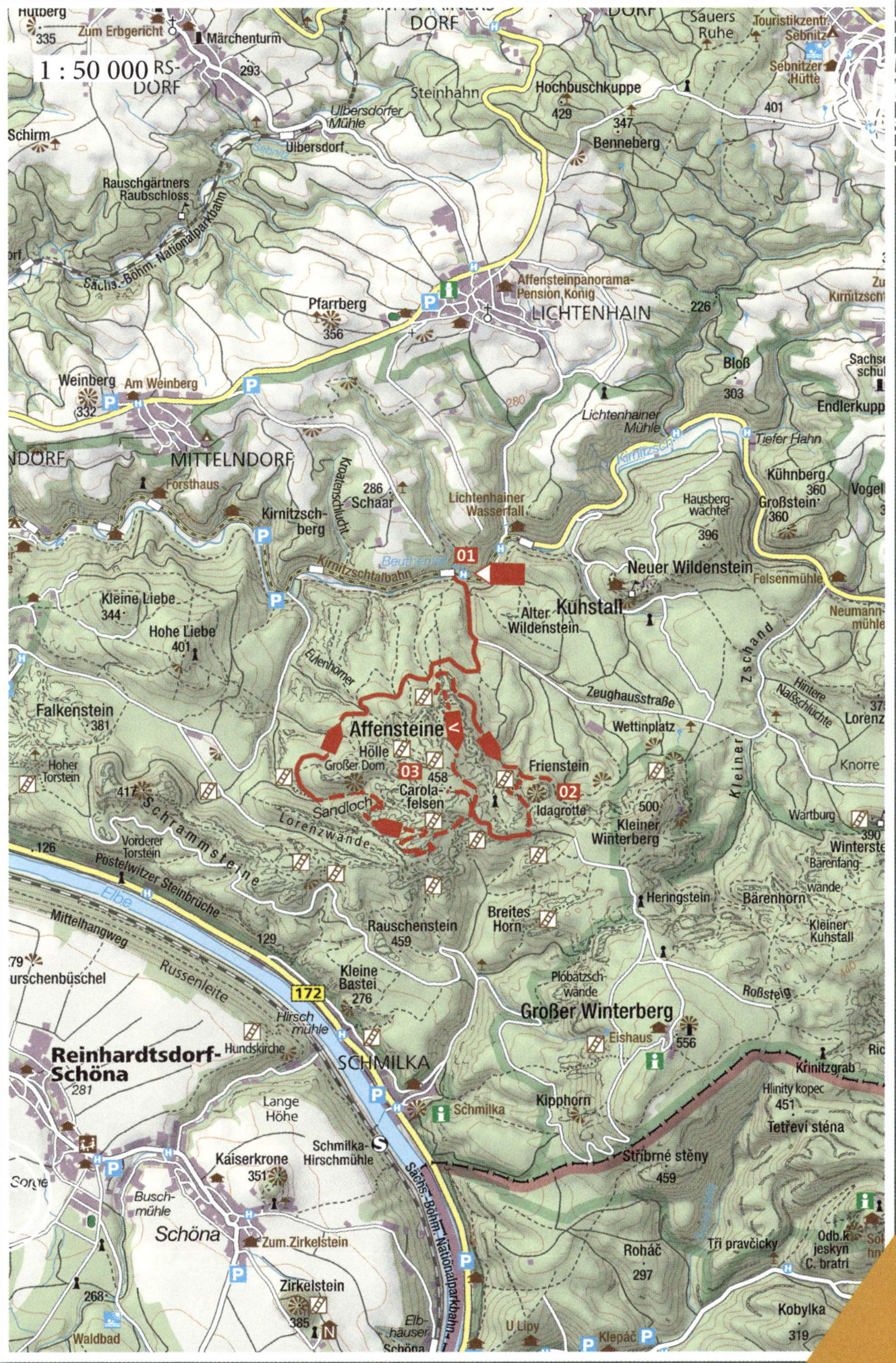
1 : 50 000
Affensteine
LICHTENHAIN
MITTELNDORF
Kuhstall
Großer Winterberg
SCHMILKA
Reinhardtsdorf-Schöna
Schöna
Lichtenhainer Wasserfall
Pfarrberg
Weinberg
Kirnitzschtalbahn
Schrammsteine
Frienstein
Idagrotte
Carolafelsen
Rauschenstein
Breites Horn
Kleine Bastei
Neuer Wildenstein
Hochbuschkuppe
Benneberg
Elbe
01
02
03

Zu den Affensteinen

Tal- und Höhenwanderung auf teils bequemen, teils getreppten/ gestuften Wegen und Pfaden mit Steiganlagen.

DISTANZ: **11 KM**
DAUER: **3:30 H**
ANSTIEG: **330 HM**
ANSPRUCH: **MITTEL**

Von der Kirnitzschtalbahn-Haltestelle Beuthenfall 01 in der Nationalparkgemeinde Kirnitzschtal, die etwa 37 km südöstlich von Dresden liegt, geht es kurz auf der Kirnitzschtalstraße talabwärts und auf der Steinbrücke ans linke Ufer. Von dort führt der mit dem Zeichen „Rotstrich" markierte Wanderweg im Dietrichsgrund auf der Zeughausstraße aufwärts.

An der Verzweigung in der Linkskurve führt der Rotstrich-Wanderweg rechts hinauf zum Unteren Affensteinweg, der rechts weiterführt. Wenig später zweigt der Königsweg links hinauf zum Fuß des 90 Meter hohen Bloßstock ab. Der Rotstrich-Weg bleibt unterhalb der zerklüfteten Affensteinfelsen (Langes Horn) auf dem Königsweg in Richtung der imposanten Speichenhörner.

Zwischendurch nimmt der Königsweg die aus dem Dietrichsgrund heraufführende Grünstrich-Route auf, und diese Markierung führt an der nächsten Abzweigung rechts hinauf zur Friensteinquelle am Oberen Affensteinweg und links hinüber zum Frienstein 02; auf ausgesetztem Steig ist von hier aus in einem kurzen Abstecher die Idagrotte zu erreichen.

Zurück an der Friensteinquelle geht es in südlicher Richtung hinauf zum Reitsteig und und dort rechts zu einem Aussichtspunkt mit Blick über den Schmilkaer Kessel hinweg bis zum Hohen Schneeberg und den Zschirnsteinen, während im Vordergrund die Fluchtwandgipfel und die Neue Wenzelwand die Hauptakzente setzen. Der Reitsteig führt aussichtsreich weiter westwärts zur Zurückesteig-Verzweigung, an welcher der Carolafels 03 ausgeschildert ist. In einem kurzen Abstecher ist dieser wunderbare Aussichtsfelsen zu erreichen. Nach dem Abstecher geht es zurück zum Zurückesteig: Er führt weiter westwärts zur Verzweigung oberhalb der Hilligen Stiege, dort erfolgt der Wechsel auf den Schrammsteinweg (Gelbstrich), zugleich Malerweg.

Er schlängelt sich durch die eindrucksvolle Felsenwelt, schwingt am Zerborstenen Turm links, gewinnt wieder die Westrichtung und führt von den Aussichtsfelsen an der Domkanzel passagenweise auf Stufenanlagen hinab zur Abzweigung des Zeughauswegs vom Sandlochweg. Hier rechts auf dem Zeughausweg (Grünpunkt), dann auf dem Unteren Affensteinweg zur bekannten Abzweigung des Königswegs unterhalb von Bloßstock, Kreuzturm und Morscher Zinne und an der nächsten Verzweigung links hinab zur Zeughausstraße im Dietrichsgrund. Die vom Hinweg vertraute Zeughausstraße führt zurück zum Ausgangspunkt am Beuthenfall 01 im Kirnitzschtal.

Isländische Impressionen

ZUM **HÖCHSTEN KALTWASSERGEYSIR** DER WELT

Der höchste Kaltwassergeysir unseres Planeten befindet sich nicht in Yellowstone oder auf Island, sondern in Deutschland in der Nähe von Andernach. Sein kühles Nass jagt er von einer Halbinsel im Rhein bis zu 60 Meter hoch in die Luft.

Vulkanaktivitäten haben die Eifellandschaft noch vor 10.000 Jahren geprägt, mit Lavamassen überschüttet und Löcher in die Oberfläche gerissen. Prominenteste Hinterlassenschaft dieser urgewaltigen Ereignisse sind der Geysir bei Andernach am Rhein und die Caldera des Laacher Sees westlich des Ortes, der heute mit Wasser gefüllte Einsturzkrater einer entleerten Magmakammer.
Die hier präsentierte Etappe des beliebten Rheinburgenweges verläuft zwar ein gutes Stück östlich dieser beiden Ausflugsziele, doch dafür führt sie uns zu weiten Bimsterrassen auf einer aussichtsreichen Hochebene. Wer dem Eifel-Vulkanimus „auf den Grund gehen" will, findet im Anschluss an die Wanderung viele Informationen bei einem Besuch des Vulkanpark-Infozentrums in der Ortschaft Plaidt. Info: www.vulkanpark.com

---

HÖHER, GRÖSSER, WEITER …

1 : 60 000
Deutsche Limesstraße
Alter Krahnen
Bollwerk
Parkhotel Andernach
Villa am Rhein
Stadtmuseum
IRLICH
Wied
RHEIN
Deichwelle
Dt. Flippermuseum
Städt. Galerie
Roentgen
Marienstätterhof
Mohlenhof
ANDERNACH
montemare
KandiTurm
Route der Rheinromantik
Harten-
tal
Gut zur Nette
256
Raiffeisenbrücke
Weißen-
thurmer
Eulenturm-
museum
Werth
9
WEISSENTHURM
Bürgerhaus
185
Nettehammer
Saffiger Weg
Nette
Mühlgraben
Dürrwäldchen
Bernauer
126
MIESENHEIM
80
Mineralquelle
Autohof
Vulkanpark "Krufter Bachtal"
Pommerhof
Plaidt
Pellenzbad
Vulkanpark Infozentrum Rauschermühle
107
Kärlicher Berg
199
Hummerteich
Gottschalksmühle
Haagsmühle
36 Plaidt
Kettiger Berg
Saffig
Im Weisplatz
Kettiger Bach
155
61
E31
Wingertsborn
Ruine Wernerseck
Pfaffenbrucherhof
Auf den Heselen
Lava
Wannenköpfe
Pfaffen-
bruch
Tal der Nette
In den Wannen
Michelberg
277
NSG
Lava
230
Rosen
213
Martinusmuseum
169
Schleewiesen-
mühle
Achtwinkelhof
Bassenheim
Korbsmühle
Oberholz
Branden-
holz
212
Birkenkopf
284
Buch-
wald
Flöcksmühle
Keltenschutzhütte
Steinkopf
273
Katscheckerhof
Karmelenberg
Marienkapelle
372
Baumallee
Gollenbüsch
Keltische Grabhügel
Röm. Grab-
tumulus
48
E44
htendung
190
Steinstückhof
01
02
03
04
05
06
07

Aussichtsreiche Wege am Rand der Vulkaneifel

Unterwegs sind wir hier auf breiten Feld- und Wirtschaftswegen ohne markanten Höhenunterschied, dafür mit hohem Panoramafaktor.

DISTANZ: **16,7 KM**
DAUER: **4:30 H**
ANSTIEG: **250 HM**
ANSPRUCH: **LEICHT**

Südlich des Bahnhofs 01 von Andernach am Rhein folgen wir zunächst der Aktienstraße nach Süden und dann dem Rennweg, der Landesstraße L116, nach rechts unter der Autobahn hindurch. Am westlichen Ortsrand, noch vor den Hochspannungsleitungen, biegen wir dann gemäß der Hauptwegmarkierung nach Süden ins Ackerland ab. An Bodenplatten orientiert finden wir uns am Standort Bürgerhaus 02 wieder. An dieser Gemarkungsgrenze stand einst ein Gehöft. Bald könnten wir für 3,5 km vom Weg abweichen und in Plaidt das Vulkanpark-Infozentrum besuchen. Es versteht sich als Eingangstor für eine „Zeitreise in die Welt der Eifelvulkane" und verlockt zum Tiefblick in die jüngste Erdgeschichte. Nach Unterführung der B256, am Bahnhaltepunkt 03, kommen wir nach Miesenheim. Auf der Andernacher Straße linkshaltend (v.-d.-Leyen-Straße) gelangen wir zum östlichen Ortsrand. Vier schmale Brücken überspannen die Nette 04, die nach ihrer knapp 60 km langen Eifelreise bei Weissenthurm in den Rhein mündet.

In breitem Feldland leicht ansteigend kommen wir zu einer Kreuzung in Apfelplantagen mit Nennung Bassenheim als Zielort. Kurz darauf sieht man aus einem Geländeanschnitt eine von mehreren oberflächenprägenden Bimsterrassen als horizontales Band in der Wegböschung. Vor unseren Augen die weite Vulkankuppenlandschaft der Vordereifel. Stets steigend, an Abzweigen nach Kettig und Saffig geradeaus. Ein Richtungswechsel deutet sich an, wenn wir halb links durch Spalierobstpflanzungen

wandern. An einer Einzäunung links und vorbei an einem Grundstück ins Kettiger Bachtal. Oberhalb der Bachsohle rechts und zum Wirtschaftsweg des Pfaffenbrucherhofes 05. Diesen links zu einer Waldecke mit Hinweis auf den Streuobstwiesenweg als Premium-Rundweg – als drittes Angebot zum „Fremdgehen". Rechts über ein Feld Richtung Bassenheim. Autobahnrauschen dringt an unser Ohr. Blickdicht folgen wir der Motorschneise kurz nach links und überqueren die A61 06.

Nach der Autobahnüberquerung kommen wir links auf ein Teersträßchen und sofort rechts auf einen Feldrainweg. Zuletzt als Straße endet diese Etappe am Schilderbaum an Bassenheims Ortseingang 07.

Wäre da nicht ein vierter Zusatzweg, der im Kern Bassenheims Eindruck macht: Das private Rittergut (Parkführungen möglich), die Pfarrkirche St. Martin mit frühgotischem Relief des Bassenheimer Reiters, der Walpotplatz mit Historienbrunnen, Steinstatuen der altvorderen Herrscher und Skulpturenrondell zur Erinnerung an die Aussöhnung Frankreichs und Deutschlands im Jahr 1948.

Die Rückfahrt erfolgt per Bus (Linie 301).

Tödlich gute Stimme

ZUM **LORELEYFELSEN**, DEM UNESCO-WELTERBE AM RHEIN

Sie war einer der ersten Popstars der Welt: Eine Jungfrau soll einst auf der Loreley hoch über dem Rhein so glockenhell gesungen haben, dass drunten niemand mehr ans Navigieren dachte ...

Im Mondschein, so wird erzählt, sei die junge Dame auf einem 130 Meter hohen Schieferfelsen oberhalb des Flusses gesessen und habe dort ihre Lieder zum besten gegeben. Das Ergebnis: Ein Schiff nach dem anderen ging unter oder krachte gegen die berüchtigten Uferfelsen. Die Power dieses Plots erkannte der Dichter Clemens Brentano als erster; er verwob die schaurig-schöne Geschichte in seinem Roman Godwi (1801). Brentanos Erfindung erwies sich als so erfolgreich, dass sie bald als echter Mythos galt und auch von anderen Poeten verarbeitet wurde, etwa von Heinrich Heine.
Auf der Freilichtbühne Loreley erklingt heute noch Musik, dort finden unter anderem regelmäßig Rockkonzerte statt. Zu Fuß erkundet man die Loreley am besten auf dem beliebten Rheinsteig - bitte umblättern!

SAGENHAFT!

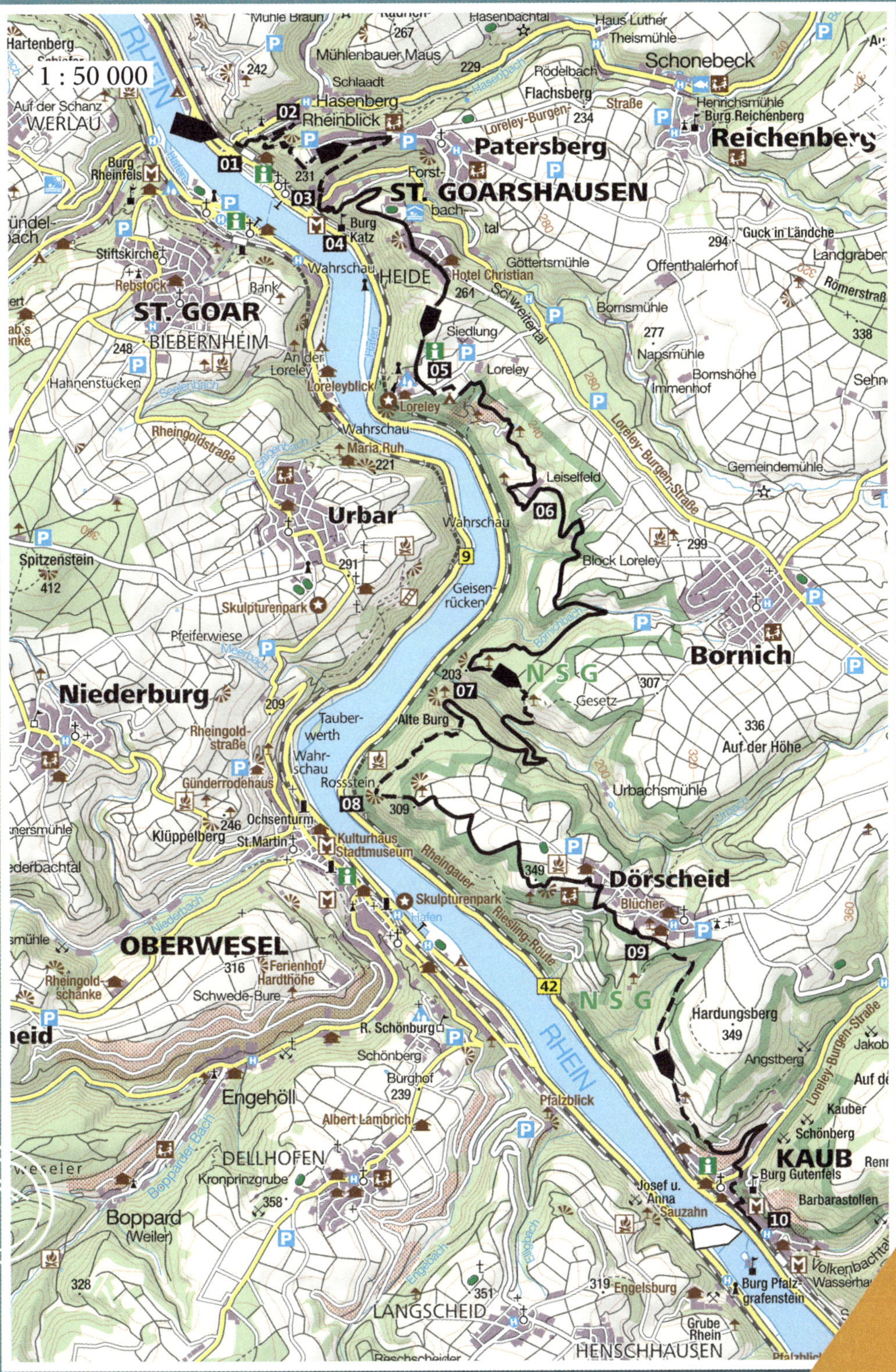
1 : 50 000
Hartenberg
Auf der Schanz
WERLAU
RHEIN
Mühlenbauer Maus
Schlaadt
Hasenberg
Rheinblick
Hasenbachtal
Haus Luther
Theismühle
Schonebeck
Rödelbach
Flachsberg
Loreley-Burgen-Straße
Henrichsmühle
Burg Reichenberg
Reichenberg
Patersberg
Forstbach
ST. GOARSHAUSEN
Burg Rheinfels
Stiftskirche
Rebstock
Bank
Burg Katz
Wahrschau
HEIDE
Hotel Christian
Göttertsmühle
Offenthalerhof
Guck in Ländche
Landgraben
Römerstraße
ST. GOAR
BIEBERNHEIM
An der Loreley
Schweizertal
Bornsmühle
Napsmühle
Bornshöhe
Immenhof
Siedlung
Loreley
Hahnenstücken
Loreleyblick
Rheingoldstraße
Maria Ruh
Leiselfeld
Gemeindemühle
Urbar
Wahrschau
Block Loreley
Spitzenstein
Skulpturenpark
Geisenrücken
Pfeiferwiese
Bornich
Niederburg
NSG
Gesetz
Auf der Höhe
Alte Burg
Tauberwerth
Rheingoldstraße
Wahrschau
Rossstein
Günderrodehaus
Urbachsmühle
Ochsenturm
Klüppelberg
St.Martin
Kulturhaus Stadtmuseum
Rheingauer Riesling-Route
Dörscheid
Blücher
Skulpturenpark
Hafen
OBERWESEL
Ferienhof Hardthöhe
Schwede-Bure
Rheingold-schänke
R. Schönburg
Schönberg
Burghof
Hardungsberg
Angstberg
Loreley-Burgen-Straße
Jakob
Engehöll
Albert Lambrich
Pfalzblick
Kauber
Schönberg
KAUB
Burg Gutenfels
DELLHOFEN
Kronprinzgrube
Boppard (Weiler)
Josef u. Anna
Sauzahn
Barbarastollen
Volkenbachtal
Wasserhaus
Burg Pfalzgrafenstein
Engelsburg
LANGSCHEID
Grube Rhein
HENSCHHAUSEN
01
02
03
04
05
06
07
08
09
10
42
9

Von St. Goarshausen nach Kaub

Hinsichtlich Strecke und Höhenmeter ist dies eine der forderndsten Etappen des Rheinsteigs. Genug Zeit einplanen, damit der Besuch der Loreley zum ungetrübten Genuss wird!

DISTANZ: **22,2 KM**
DAUER: **6:45 H**
ANSTIEG: **950 HM**
ANSPRUCH: **SCHWER**

Beim Bahnhof an der Brücke über die B274 steht in St. Goarshausen am Rhein 01 ein Wegweiser zur Loreley. Eine Auffahrt führt hinauf zu einem freistehenden Haus. Wir gehen auf einem Wirtschaftsweg rechts ein paar Stufen an einem Geländer mit Zwischenpanorama zum anderen Rheinufer einen Forstweg empor und aus dem Aufstiegswald hinüber zum Dreiburgenblick 02. Auf dem flachen Rheinplateau streifen wir kurz Patersberg. Am Buswendeplatz halten wir uns rechts. Trockenmauern stützen unseren Weg, der uns nochmals nach St. Goarshausen bringt. Am Forstbach 03 verläuft zusätzlich eine Rheinsteig-Rundtour, die Loreley-Extratour. Vor der Eisenbahnbrücke gehen wir links in die Gasse An der Burg Katz. Auf Steinstiegen über die Dächer der Stadt und vielstufig burgwärts. Auf einer Bronzeplatte treten wir in die Fußstapfen des englischen Malers William Turner. Hinter einer Tordurchfahrt thront Burg Katz 04. Wir gehen durch den St. Goarshauser Stadtteil Heide, hinter einem Waldgürtel auf ein offenes Feld und begleiten den Parcours der Sommerrodel- und Kegelbahn. Dann stehen wir beim Loreley-Besucherzentrum 05.

Weiter geht es Richtung Siedlung Loreley und bald rechts auf ein Teersträßchen. In einer Rechtskehre verlassen wir den Asphaltbelag. Vor dem Hof Leiselfeld rechts und im Linksbogen erwandern wir die Schieferklippen Spitznack und Felsenkanzel, dann geht es zurück zum Hof. Dieser lädt zur Einkehr in die RheinsteigRast 06. Nach einer weiteren Asphaltstraße am Standort Langenhainzen gehts nun rechts auf Naturboden und links auf einem Waldpfad zur Raststelle Fünf-Seen-Platz. Der nächste Abstieg folgt dem Bormichbach, über den ein Brücklein führt. Aus der Bachsohle auf breitem Waldweg hinauf. Dann folgen ein Unterstand und ein Wegweiser: 10,1 km bis Kaub. Steil hinab zum überbrückten Urbach, wieder empor, und beim Abzweig Urbachsmühle zum Aussichtspunkt Alte Burg 07. Erst fast höhengleich, dann ansteigend, schließlich felsig mit Sicherungen sich aufschwingend erreichen wir den Aussichtspunkt Rossstein 08.

Wir wandern ins Hinterland, bleiben auf Feldwegen, steuern eine Hügelkuppe an und kommen auf der 349 m hohen Schwedenschanze zu einem weiteren Aussichtspunkt. Über Dörscheid und auf der Straße Loreleyblick in den Ort und Am Hofstück rechtshaltend wieder hinaus. Dann bergauf zum Abzweig Dörscheid. Ab dem Loreleyhotel 09 auf einem Hohlweg durch die Dörscheider Heide. Dann auf dem schmalen, etwas ausgesetzten Rheinsteig an der Burg Gutenfels vorbei und über eine Treppe nach Kaub 10. Durch den Torbogen des Leiterberger Turmes zum Schlossweg und in die Altstadt zum Dicken Turm in Bahnhofsnähe.

Die Rückfahrt erfolgt per Bahn dem Rhein entlang.

21 Rheinland-Pfalz

Wo das Monster heult

DER **LETZTE WERWOLF** DEUTSCHLANDS

Seit dem 18. Jahrhundert flackert es, das Lichtlein in einem Prozessionshäuschen mit dem Bildnis der heiligen Maria in Wittlich. Notwendig ist das, um den sagenhaften Werwolf nicht aufzuwecken.

Einmal ist es dann doch passiert: Das Licht verglomm und sogleich bahnt sich das Ungeheuer – halb Wolf, halb Mensch – seinen Weg durchs dichte Gebüsch. Selbst in Amerika erzählt man sich bis heute die „erschröckliche" Geschichte vom Monster, das am Morbach haust. Ob das auch stimmt? Von den vielen Wandernden, die im Erholungswald Ortelsbruch unterwegs sind, hat es jedenfalls noch niemand leibhaftig gesehen. In Erinnerung bleiben allen jedoch die naturnahen Gewässer und die Bohlenwege, die dort durch die Moorflächen führen, und sicher auch die besondere Pflanzen- und Insektenwelt, die sich dort sehr wohlfühlt. Nach dem Aufstieg auf den Kamm des Idarwaldes erwartet uns im Ortelsbruch zudem der einzige Moorlehrpfad im Naturpark Saar-Hunsrück, der Nixenweiher, Grill- und Unterstellhütten und, und, und ...

SAGENHAFT!

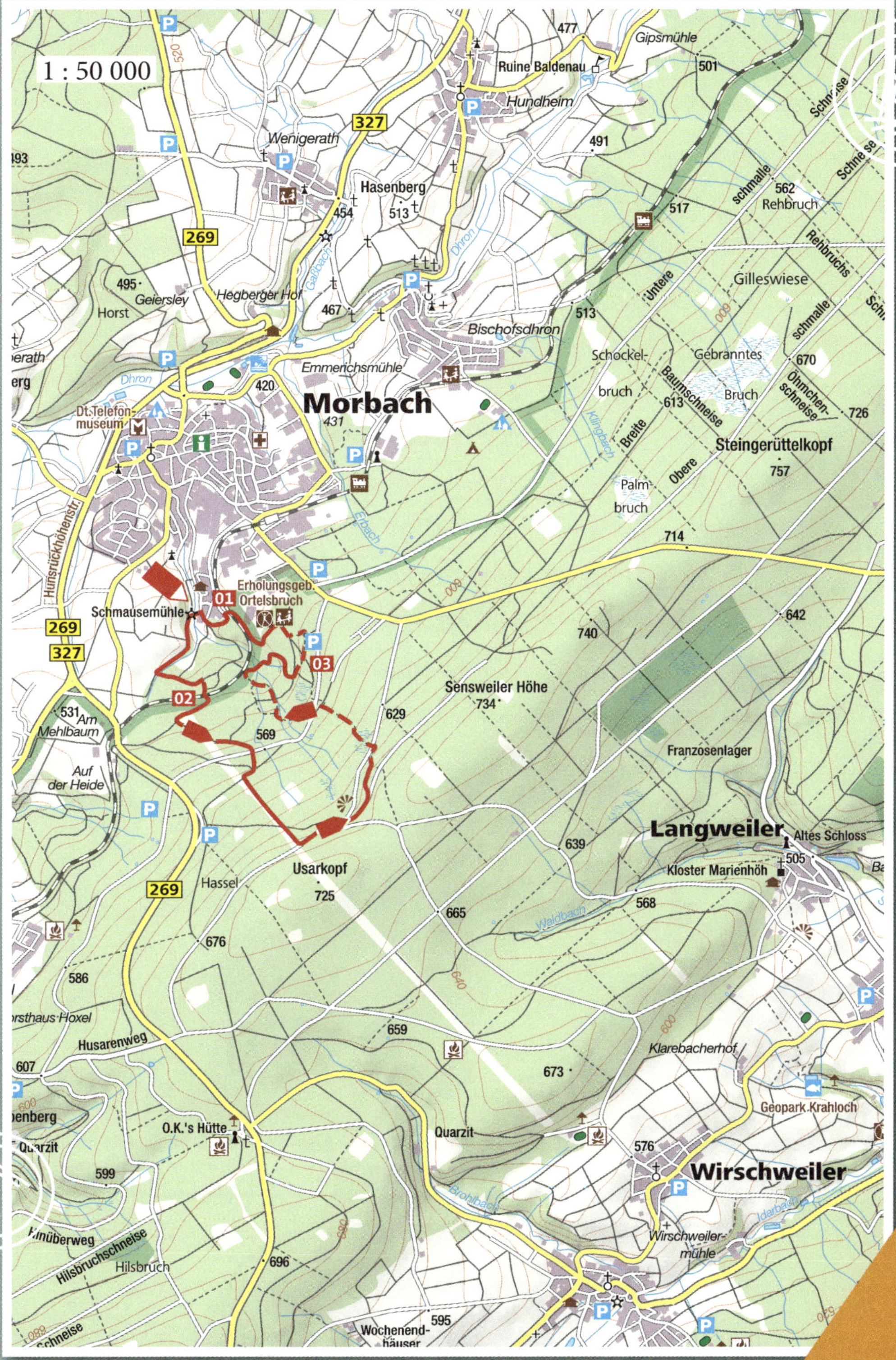
1 : 50 000
Wenigerath
327
Hasenberg
454
513
Ruine Baldenau
477
Gipsmühle
501
Hundheim
491
269
495
Horst
Geiersley
Hegberger Hof
467
Bischofsdhron
Dhron
Emmerichsmühle
420
Morbach
431
Dt.Telefon-
museum
Hunsrückhöhenstr.
Erbach
Schmausemühle
01
Erholungsgeb.
Ortelsbruch
02
03
327
531
Am
Mehlbaum
Auf
der Heide
569
629
Sensweiler Höhe
734
Usarkopf
725
Hassel
676
665
639
586
rsthaus Hoxel
Husarenweg
659
607
enberg
O.K.'s Hütte
Quarzit
Quarzit
599
Hinüberweg
Hilsbruchschneise
Hilsbruch
696
Schneise
Wochenend-
häuser
595
517
schmalle
562
Rehbruch
Rehbruchs
Gilleswiese
Untere
513
Schockel-
bruch
Gebranntes
Bruch
670
Öhmchen-
schneise
726
Baumschneise
613
Klingbach
Breite
Steingerüttelkopf
757
Palm-
bruch
Obere
714
642
740
Franzosenlager
Langweiler
Altes Schloss
505
Kloster Marienhöh
568
Waldbach
640
673
Klarebacherhof
Geopark Krahloch
576
Wirschweiler
Brohlbach
Idarbach
Wirschweiler-
mühle

Morbach – Ortelsbruch

Leichte bis mittelschwere Waldwanderung.

DISTANZ: **7,5 KM**
DAUER: **2:30 H**

ANSTIEG: **265 HM**
ANSPRUCH: **MITTEL**

Von der historischen Ölmühle **01** am südwestlichen Ortsrand von Morbach, das circa 36 Kilometer östlich von Trier liegt, wandern wir über den Morbach und durch das Wiesental. Dann geht es zu den Bahngleisen **02** und rund 200 Höhenmeter den Idarwald hinauf.

Mit 690 m ist dort der höchste Punkt der Tour erreicht. Nach einer Reihe von Aussichtspunkten marschieren wir zur Sandkaul, die erneut einen schönen Fernblick erlaubt. Der Weiterweg führt an der Rodelbahn vorbei und weiter bergab in das Erholungsgebiet Ortelsbruch **03**, wo uns ein Natur- und Waldlehrpfad und der Nixenweiher mit Wassertretbecken erwartet. Dann führen Holzstege durchs Moor, ein typischer Mittelgebirgshangbruch. Über die Gleise der stillgelegten Hunsrückbahn und am Sägewerk vorbei geht es zur Ölmühle **01** zurück.

Weinkosten oder Weinklettern?

EIN **KLETTERSTEIG** MITTEN IM WEINBERG

Schwindelfreiheit ist die unabdingbare Voraussetzung für die Begehung von Klettersteigen. Weinkonsum unterstützt eher die Anfälligkeit für Torkelgefühle, und so erstaunt eine gesicherte Route inmitten von Weinbergen doch ein wenig.

Doch der Reihe nach: Der Klettersteig oberhalb des Winzerdorfes Riol an der Römischen Weinstraße führt – stets mit exzellenter Aussicht – durch die Steilhänge höhenwärts. Seine Vorrichtungen beschränken sich auf einige Stahlseile an ausgesetzten Passagen; ein Klettersteig-Set ist dort kaum notwendig.
Obwohl dieser deutschlandweit einzigartige „Klettersteig“ also eher als Bergwanderweg einzustufen ist und sich durchaus für Ferrata-Neulinge eignet, wird der Genuss des hervorragenden lokalen Rebensaftes erst nach dem Ausstieg am oberen Steig-Ende empfohlen. Bis zum Einstieg folgt man auf dem Rioler Weinerlebnispfad „Rosen und Wein“ am Römerberg.

WO GIBT'S DENN SOWAS?

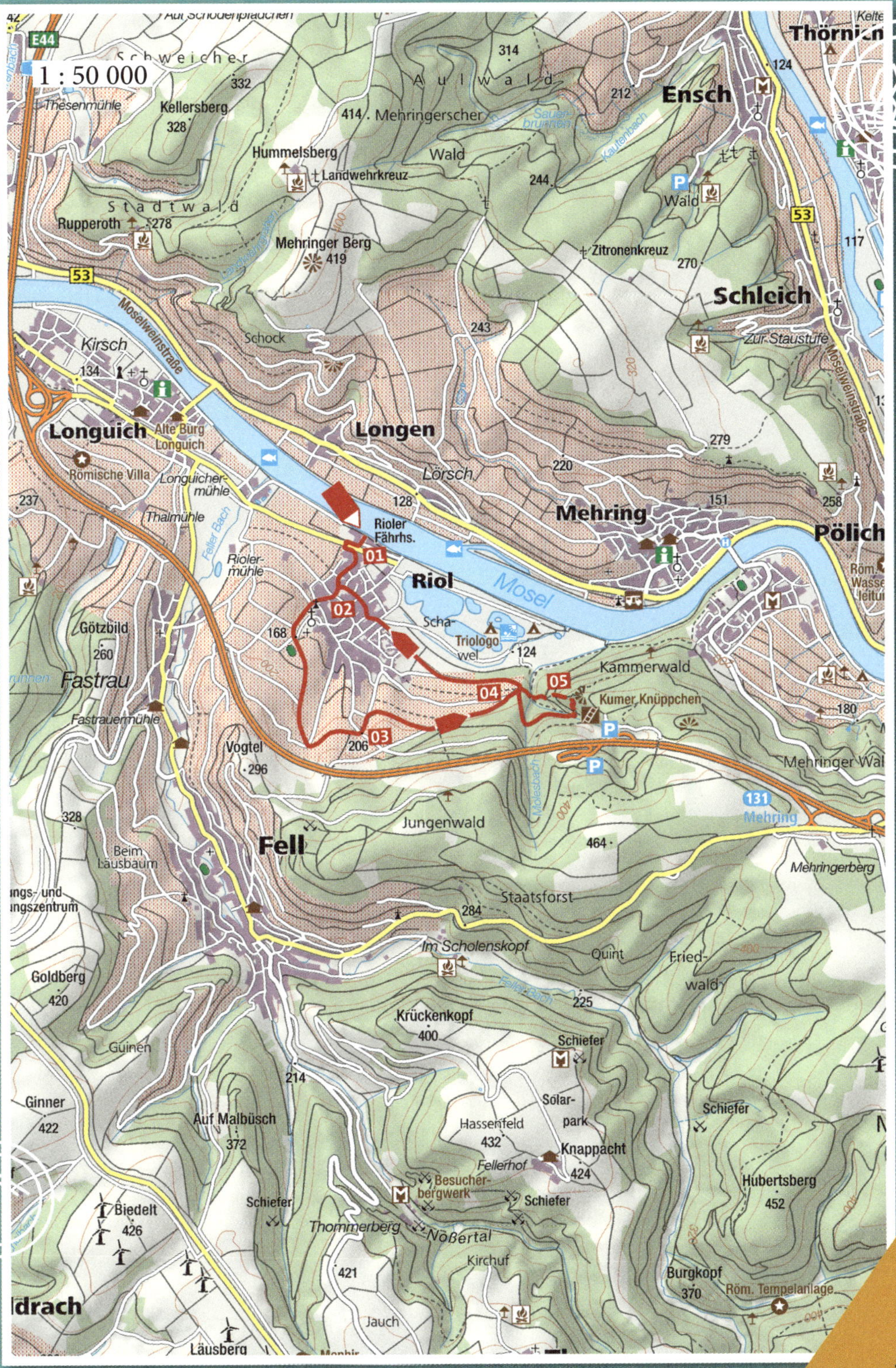
1 : 50 000
E44
Schweicher
Thesenmühle
Kellersberg
328
332
314
Aulwald
414
Mehringerscher
Wald
212
Ensch
Thörnich
124
Hummelsberg
Landwehrkreuz
244
Stadtwald
Rupperoth
278
Mehringer Berg
419
Wald
Zitronenkreuz
270
53
117
Schleich
Zur Staustufe
Moselweinstraße
Kirsch
134
Schock
243
Longuich
Alte Burg Longuich
Longen
Römische Villa
Lörsch
279
Longuicher-mühle
220
151
237
Thalmühle
128
Mehring
258
Pölich
Rioler Fährhs.
01
Rioler-mühle
Riol
Mosel
02
168
Scha-
Triologo
wel
124
Kammerwald
05
04
Kumer Knüppchen
Götzbild
260
Fastrau
Fastrauermühle
03
206
Vogtel
296
Mehringer Wal
131
Mehring
Jungenwald
328
464
Fell
Beim Läusbaum
Mehringerberg
Staatsforst
284
Im Scholenskopf
Quint
Fried-
wald
Goldberg
420
225
Krückenkopf
400
Schiefer
Guinen
214
Solar-
park
Schiefer
Ginner
422
Auf Malbüsch
372
Hassenfeld
432
Knappacht
424
Fellerhof
Besucher-
bergwerk
Hubertsberg
452
Schiefer
Schiefer
Biedelt
426
Thommerberg
Nößertal
Kirchuf
421
Burgkopf
370
Röm. Tempelanlage
Jauch
ldrach
Läusberg

Riol – Kumer Knüppchen

Entspannt wandert man auf dem Weinerlebnispfad, der Klettersteig erfordert jedoch Trittsicherheit und Schwindelfreiheit.

DISTANZ: **10 KM**
DAUER: **2:30 H**
ANSTIEG: **250 HM**
ANSPRUCH: **MITTEL**

Vom Fährhaus 01 in Riol an der Mosel, 17 km östlich von Trier, führt die Bahnhofstraße aufwärts in den alten Ortskern von Riol 02. Die Martinskirche mit dem romanischen Westturm blickt friedlich zur Mosel hinab, lediglich der Weinlagennamen Rioler Römerberg 03 erinnert an kriegerische Zeiten – die Informationstafeln des Weinerlebnispfads erläutern die Hintergründe, informieren über den Weinbau von der Römerzeit bis heute und veranschaulichen den Weg von der Traube zum Wein.

Der Einstieg in den Klettersteig erfolgt bei der Schutzhütte 04 zwischen den Weinerlebnispfad-Stationen Nr. 12 und Nr. 13. Der 1,4 km lange Bergwanderweg führt stellenweise durch steiles, felsiges Gelände, ausgesetzte Passagen sind mit Seilsicherungen versehen. Zwischen Mehlbeeren, Gemeinen Felsenbirnen, Pechnelken und Felsen-Fetthennen geht es hinauf zum Gipfelkreuz auf dem Kumer Knüppchen 05 im Kammerwald in der Mehringer Schweiz.

Dort bietet sich ein herrlicher Panoramablick über Mehring und die Rioler Talweitung. Vom Aussichtspunkt führt der Klettersteig steil hinab ins Molesbachtal und mündet wenig später wieder in den Weinerlebnispfad. Dieser führt bequem zurück nach Riol 02, dort geht es hinab zum Ausgangspunkt 01 an der Mosel.

23 Hochtaunuskreis

Wasserspülung für Victoria

DIE **ÄLTESTE TOILETTE** DEUTSCHLANDS?

Fragen gibt's! Zum Beispiel die nach der ältesten deutschen Toilette mit Wasserspülung ... Bekannt ist immerhin, wo man 1861 einen damals wohl utopisch anmutenden Lokus installiert hat: im Schloss Ehrenburg zu Coburg.

Das hygienische Teil wurde damals eigens für einen Besuch der englischen Königin Victoria aus deren Heimatland importiert – und man kann es nach wie vor an seinem Bestimmungsort bewundern. Ein WC im hessischen Bad Homburg dürfte zwar älter sein, es ist aber nichts davon übrig geblieben.

So schwelt der skurrile Streit um das älteste stille Örtchen Deutschlands bis heute weiter, und zwar nicht nur am Welttoilettentag (dem 19. November). Immerhin bietet das schon von den Römern als Kurort geschätzte Bad Homburg in seiner Umgebung ein wunderbares Wanderrevier, das wir auf den folgenden Seiten näher in Augenschein nehmen.

WO GIBT'S DENN SOWAS?

1 : 50 000
Schultheißhof
Hesel
Pfarrmühle
Niederhainer Hof
Hof Köppelwiese
Deutsche-Limes-Straße
Klingelsm.
Hartungshof
351
Drusenküppel
Zum Taunus
385
Obernhain
Schäferborn
Dreimühlborn
Freilichtmuseum Hessenpark
Römerkastell Saalburg
409
Ehem. Kloster Thron
Mühle
Saalburg-siedlung
Schöne Aussicht
Saalburg
Freizeitpark Lochmühle
Kleinkastell Lochmühle
Limes
329
481
ehem. Jagdhaus
Gickelsburg
471
Hesselberg
461
Thomasweg
Fahrborn
Hochtaunusstraße
545
Limes
Preußen-schanze
Landgasthof Saalburg
477
Hollerkopf
616
Nymphenquelle
Hammelhansweg
Roßkopf
632
Limes
591
Herzberg
Herzberg
Kastell Kapersburg
325
Marmorstein
Heidehof
291
Am Zollstock
456
Kirdorfer
Habigsborn
474
Braumannstollen
Karlsbrücke
Bleibeskopf
480
Braumannswiesen
DORNHOLZHAUSEN
360
Landgrafenberg
Homburger Hütte
215
Erlenhof
Elisabethenstein
Heuchelbach
Hirschgarten
Gotisches Haus
Tannenwald
240
Metzgerpfad
Mühlborn
Forellengut
Hainmüller
Hölschersmühle
Hardertsmühle
Forellenzucht
OBERSTEDTEN
Fischersmühle
202
Goldgrubenfelsen
492
285
Goldgrube
Deutsche Limesstr.
Rentmeisterm.
Platzenbergm.
Kräuterm.
Eichwäldchen
Oberstedter Feld
455
240
Prökenm.
Oberursel-Nord
Hohemark
Hochtaunusstr.
Waldtraut
Waldlust
Taunus-Informationszentrum
Gartenbahn
Dornbrunnen
Schanzen
336
OBERURSEL (Taunus)
225

Bad Homburg – Saalburg – Herzberg

Abwechslungsreiche Waldwanderung auf überwiegend breiten Forstwegen mit markanten Aussichtspunkt.

DISTANZ: **10 KM**
DAUER: **2:30 H**
ANSTIEG: **355 HM**
ANSPRUCH: **LEICHT**

Ausgehend vom Parkplatz vor der Gaststätte HirschGarten (Landgräfliche Gartenlandschaft, Wildgehege) **01**, 5 km nordwestlich von Bad Homburg, wandern wir zur nahen Kreuzung und rechts auf den König-Wilhelms-Weg (rotes Kreuz und „E" des Elisabethenpfades). Geradeaus geht es auf breitem Forstweg etwa 2 Kilometer mäßig bergan und auf die Anhöhe unterhalb des Marmorsteins. Dann links ab und dem Elisabethenpfad zum Marmorstein **02** folgen. Von dort mit schwarzem Balken und schwarzem T wieder hinab zum König-Wilhelms-Weg und weiter mit rotem Kreuz und schwarzem T. An der hoch aufragenden Jupitersäule und an der Gaststätte Saalburg gehts vorbei zur Saalburg **03**.

Auf einem Pfad um die Saalburg herum zum Westtor, gegenüber ist die Deutsche Limeskommission. Die Straße nach Obernhain querend auf einen breiten Forstweg und auf gleich folgenden Linksabzweig. Nun leitet das offene Dreieck. Nach etwa 100 m links ab, dann nach 200 m rechts. Der Markierung im Linksbogen auf eine breite Forststraße folgen und auf der Anhöhe über einen Wegestern. Der Forststraße zu einer Gabelung folgen und links auf den Herzberg **04**.

Den Herzberg auf bekannter Forststraße verlassen. Kurz vor der Gabelung links auf einen unscheinbaren Waldweg (blauer Punkt), dann steil bergab und zwei breite Forstwege queren. Der Wanderweg verengt sich zu einem steinigen Hohlweg. Unterhalb vom Bleibeskopf schräg einen dritten Forstweg queren. Nach etwa 300 m über eine Kreuzung, nun auch mit der Markierung Eber. Zur nächsten Kreuzung und rechts in die Krausbäumchenschneise, dabei den blauen Punkt verlassen. Wir bleiben ungefähr 750 m geradeaus, dann gehen wir links in die Elisabethenschneise (gelber Punkt) und geradewegs am Elisabethenstein vorbei zum Hirschgarten 01 zurück.

Unterwegs im Land der Mitte

ZU **EUROPAS MITTELPUNKT(EN)**

Man hat's nicht leicht, nicht einmal als Mittelpunkt der Europäischen Union. Dieser lag bis 2007 in Frankreich und rutschte dann durch EU-Erweiterungen bis nach Meerholz – nur um 2013 wieder weiterzureisen.

Der Grund dafür lag im Beitritt Kroatiens zur EU, wodurch sich der geografische Mittelpunkt der Staatengemeinschaft in die Gemeinde Westerngrund bewegte. Im Jahr darauf änderte sich wieder alles, wenngleich nur um 500 Meter: Eine Inselgruppe vor Madagaskar, die als französisches Überseedepartement dazustieß, machte eine weitere Neuberechnung notwendig.
Also verbindet die im Folgenden beschriebene Wanderung eben beide EU-Mittelpunkte und lädt damit zu einer kleinen Reise durch die jüngste Geschichte des Kontinents ein. Dabei erfreuen uns Ausblicke auf das Kinzigtal, zu einem idyllischen Waldsee und über die Hügellandschaft des Vorspessarts. Unterwegs lernt man dazu, denn es werden die Länder der Europäischen Union und auch die Europäischen Fernwanderwege vorgestellt.

WO GIBT'S DENN SOWAS?

1 : 65 000
Sonnenberg
NSG
Grauer Berg
Heiligenkopf
Rauenberg
280
Niedermittlauer
259
Heiligenkopf
Gründberg
Lützelhausen
206
Storksberg
177
Linsengericht
Eichermühle
Hartenberg
202
Wingertsberg
197
Großenhausen
Haidküppel
260
Bernbach
Eidengesäß
Geisberg
286
Geislitz
Breitenborner Höhe
347
Kahler Kopf
385
Hof Eich
Zirkelsmühle
Kohlenberger Mühle
Raue Heil
435
Hubertus
Hufeisenhof
481
Waldrode
Franzosenkopf
Glasberg
476
Horbach
Festplatz
263
Junkernberg
Rochusberg
333
Hoher Berg
441
336
Kulturwegkreuzung
Gleisberg
352
Stein
284
eigericht
212
Dickersberg
276
388
Kreuzberg
Kahlenberg
Huckelheim
Geiselbach
276
St. Maria Magdalena
Ziegelberg
272
Seiteberg
Rottelseiche
Frohnbügel
288
Ziegelhütte
Grundmühle
Rengersberg
Oberwestern
Eichenberg
309
Western-
grund
Polsterhof
Unterwestern
Hofstädten
Omersbach
Strüttgrund
318
Stützelhöhe
Teufelsmühle
371
Schanzenkopf
Schweden-
schanze
297
Klotzenmühle
Ruine
Rothenberger Hof
Schneppenbach
Hüttengesäß
(Hüttelngesäß)
Kohlberg
262
Dörnsteinbach
Schneppenbacher Höhe
308
Schöllkrippen
206
Oberschur
St. Lukas Kapelle
Niedersteinbach
Krombach
254
Strötzbach
Ruinengrab
320
Hauenstein
Langenborn
Ernstkirchen
Fronhofen
Bauersberg
Mömbris
Mensengesäß
Unterschur
Groß-
blankenbach
Kahlgrundbahn
321
01
02
03
04
05
06
P

EU-Mittelpunkte-Weg

Wanderung vom ehemaligen Mittelpunkt der EU zum neuen, abwechslungsreich mal durch Wald, mal über offenes Feld.

DISTANZ: **14,3 KM**
DAUER: **4:00 H**
ANSTIEG: **393 HM**
ANSPRUCH: **LEICHT**

Start ist bei Gelnhausen/Meerholz **01**. Der ehemalige Mittelpunkt ist mit dem Auto nicht direkt erreichbar. Es empfiehlt sich bei Meerholz zu parken und über den archäologischen Weg dorthin zu laufen. Wir gehen zunächst entlang dem roten X auf einen Wald zu und halten uns dann an einem Wegweiser nach links in Richtung Krötenteich. Auf geschottertem Weg wandern wir immer geradeaus an einem Friedwald vorbei, treten aus dem Wald und laufen neben Eichen, dann nach rechts und geradeaus weiter zwischen Feldern. An einer Gasleitung halten wir uns nach links, erreichen eine Landstraße und gehen auf der Gegenseite etwa 200 m bis zu einer Fichtenhecke, dann nach rechts bergauf zwischen Wiese und Feld geradeaus. Nach dem Schild zu Luxemburg ist auf der Straße eine Bodenmarkierung, wir folgen ihr nach rechts durch eine Senke. Der Weg führt ein gutes Stück auf der Höhe mit weitem Blick in das Kinzigtal. Wir überqueren eine Straße und gehen auf einem Fahrradweg bergab zum Krötenteich **02**. Weiter geht es nach rechts bergauf durch sehr schönen Wald. Gegenüber von einem kleinen, etwas versteckten Waldhaus biegen wir nach rechts auf einen Pfad ab, der uns entlang eines Bacheinschnitts hinunter in das schöne Näßlichbachtal **03** führt.

Im Grund überqueren wir einen Forstweg und dann eine Brücke und bleiben am Waldrand. An einem Wegweiser gehen wir nach rechts, der Weg schlängelt sich ein gutes Stück bergauf durch ein schönes Tal. An einer weiteren Hinweistafel verlassen wir den Wald und nähern uns Geiselbach. Am Ortsrand laufen wir nach links in die Birkenhainer Straße. Ab dort folgen wir der Markierung des Marienwegs. Hinter dem Sportplatz geht es nach rechts ab. Die Markierung führt uns mit häufigem Richtungswechsel auf Nebenstraßen und Fußgängerwegen durch den Ort, vorbei an einem Brunnen, an schönem Fachwerk und der alten Friedhofsmauer neben der Kirche 04.

Neben Kleingärten verlassen wir den Ort, es geht bergauf immer geradeaus zwischen Streuobstwiesen und Weiden. Oben auf der Höhe haben wir einen weiten Blick. Wir gehen über eine Straße geradeaus, erreichen einen Wegweiser und folgen ab dort der Markierung W1 nach links. Ein Wiesenweg führt in einer großen Kurve durch eine Mulde, dann entlang von Grenzsteinen auf die Höhe, schließlich bergab nach Oberwestern 05 (Bushaltestelle). Wir kommen an einem Kruzifix unter einer Kastanie vorbei und erreichen den Ort, laufen am Rathaus vorbei, entlang des Bachs, überqueren die Hauptstraße und steigen dann links steil bergan. Am Waldrand erreichen wir unser Ziel, den neuen EU-Mittelpunkt 06. Die Rückfahrt erfolgt von Oberwestern per Bus (Linie 30) bis Gelnhausen-Busbahnhof, dann weiter mit der Linie MKK61 nach Gelnhausen-Mersburg, Station Rhönstraße.

Oh, Tannenbaum!

WANDERN, WO **WEIHNACHTSBÄUME** WACHSEN

Im Winter bricht das „grüne Fieber“ im Flörsbachtal aus. Dann werden dort potenzielle Christbäume inspiziert und besonders schöne Exemplare ausgesucht. Im Sommer bildet dieser weihnachtsaffine Wald ein nettes Wanderziel.

Der hier empfohlene Wanderweg führt durch ein besonders interessantes Stück des nördlichen Spessarts, und zwar von Kempfenbrunn im osthessischen Main-Kinzig-Kreis zu den sorgsam gepflegten Christbaumkulturen und nach nach Mosborn. Dies ist die jüngste der planmäßig angelegten Siedlungen im Spessart.
Dass der Verkauf der Weihnachtsbäume alle Jahre wieder zu willkommenen Nebeneinkünften führt, das geht auf die Notzeit der Nachkriegsjahre zurück. Damals begann man hier, weniger ergiebige Äcker aufzuforsten und die ebenmäßig gewachsenen Bäume selbst in Frankfurt am Eisernen Steg anzubieten. Eine „grüne“ Idee!

WO GIBT'S DENN SOWAS?

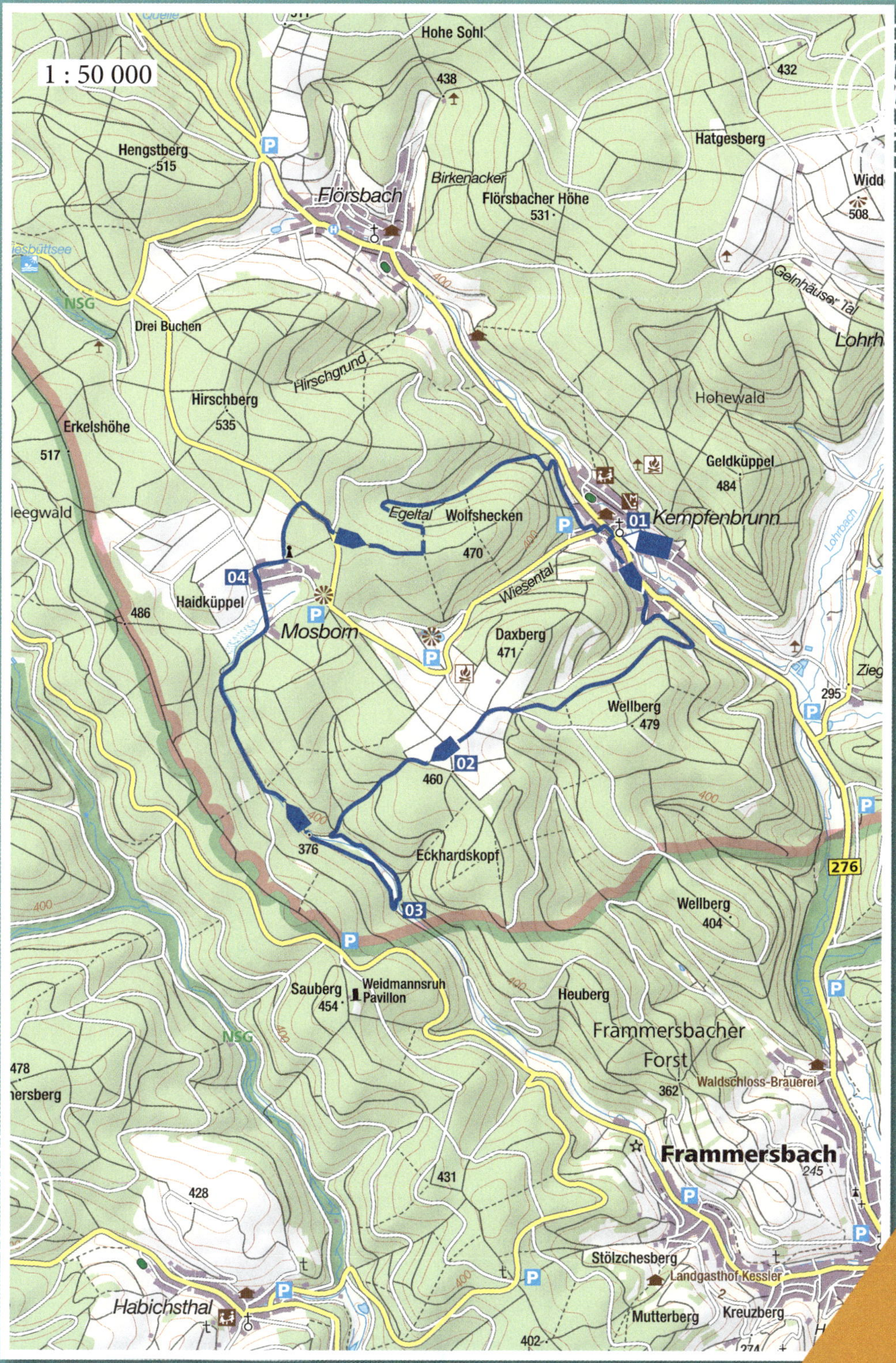
1 : 50 000
Hohe Sohl
438
432
Hengstberg
515
Hatgesberg
Flörsbach
Birkenacker
Flörsbacher Höhe
531
508
Gelnhäuser Tal
NSG
Drei Buchen
Hirschgrund
Hohewald
Hirschberg
535
Erkelshöhe
517
Geldküppel
484
Egeltal
Wolfshecken
470
Kempfenbrunn
01
04
Haidküppel
486
Mosborn
Wiesental
Daxberg
471
Wellberg
479
295
02
460
376
Eckhardskopf
276
03
Wellberg
404
Sauberg
454
Weidmannsruh
Pavillon
Heuberg
Frammersbacher
Forst
362
Waldschloss-Brauerei
478
NSG
Frammersbach
245
428
431
Stölzchesberg
Landgasthof Kessler
Habichsthal
Mutterberg
Kreuzberg
402
274

Ins Land der Christbäume

Einfache, kinderfreundliche Rundwanderung auf breiten Feld- und Forstwegen. Der Wanderweg ist mit dem blau-gelben Logo der Archäologischen Wanderwege markiert.

DISTANZ: **12,9 KM**
DAUER: **3:30 H**
ANSTIEG: **440 HM**
ANSPRUCH: **LEICHT**

In Kempfenbrunn (etwa 26 km nordöstlich von Aschaffenburg), im Flörsbachtal steigen wir die Kirche 01 im Rücken zu einem kleinen Sträßchen bergan und halten uns nach links. Der Weg gabelt sich und wir wählen den linken Weg. Ein kurzes Stück wandern wir durch ein Wohngebiet dann geht es scharf nach links in den Wald hinein, bergan zu einem Forstweg. Wir wenden uns nach rechts und laufen stetig bergauf bis zu einem Hinweisschild über das „grüne Fieber" – den Anbau von Weihnachtsbäumen. Am Waldrand treffen wir auf eine Wegespinne und wir wählen den Weg vorbei an einem Hochsitz. Neben Wiesen und Weiden führt uns ein asphaltierter Weg geradeaus auf eine hohe Birke zu. Auf der Höhe erreichen wir eine Kreuzung 02 und wir gehen geradeaus auf den Wald zu. Hangabwärts gelangen wir in ein Tal und wenden uns nach links. An einer Gabelung halten wir uns halb rechts. Nach einem Hinweisschild über Bienen und Auen und die Nutzung der Region im 19. Jahrhundert queren wir den Laubersbach 03 und setzen unseren Weg nach einer Spitzkehre nach rechts fort.

Eine weitere Tafel informiert über Glashütten im Laubersbachtal. Unser Waldweg mündet in einen Forstweg, dem wir geradeaus folgen. Zwischen dichtem Laub- und Nadelwald gewinnt der Weg gemächlich an Höhe. Wir treten aus dem Wald hinaus und biegen an einem alleinstehenden Haus nach links. Vor uns liegt die idyllische Ortschaft Mosborn 04. Wir wandern entlang von Apfelbäumen und einem Ökohof in den Ort hinein. Dort halten wir uns nach rechts und gelangen neben Viehweiden zum Waldrand. Vorbei an einem Wasserhochbehälter erreichen wir eine Landstraße, der wir nach rechts folgen. Wir biegen in den dritten Weg nach links ein und halten uns durch hohen Wald immer auf dem Hauptweg.

Nach einer Linkskurve geht es bergab. Dann führen uns die Markierungszeichen nach links und an einem weiteren Querweg nach rechts. Nach einer Weile stoßen wir auf einen Asphaltweg. Kurz bevor wir auf diesem die Landstraße erreichen zweigen wir nach rechts ab und nach nur wenigen Metern nach links bergab. Wir wandern oberhalb der Ortschaft Kempfenbrunn am Waldrand entlang zu einer kleinen Straße, die uns in den Ort führt. Die Kirche im Blick gelangen wir zurück zu unserem Ausgangspunkt 01.

26 Spessart

Alles steht Kopf

IN TOPPELS VERDREHTER WELT

Die Welt steht Kopf – wie oft sagt man das leichthin. Wie das aussehen würde, kann man sich aber gar nicht vorstellen. Oder doch? Bei Wertheim wird das Unterste ganz nach oben gekehrt, denn dort steht tatsächlich ein Haus Kopf.

In Töppels verdrehter Welt sind sechs komplett möblierte Innen-Wohnräume verkehrt herum eingerichtet; mehr als 300 Gegenstände und sogar das Auto im Carport hängen dort an der Decke. Wem dort nicht gleich der Schwindel anheim fällt, findet in dieser wundersamen Immobilie unzählige originelle Fotomotive (beim Wertheim Village, Almosenweg 6, 97877 Wertheim, nahe der A3 Würzburg–Frankfurt). Ein Besuch dieser „umgekehrten Attraktion" lässt sich gut mit einer Wanderung am nahen Mainufer verbinden. Der Fluss trennt dort Bayern von Baden-Württemberg und dreht eine markante Schleife, bevor er ein Wasserkraftwerk antreibt und am Fuße einer romantischen Burg am Städtchen Wertheim vorbeifließt. Dort befindet sich der ideale Start- und Zielpunkt fürs Losmarschieren.

WO GIBT'S DENN SOWAS?

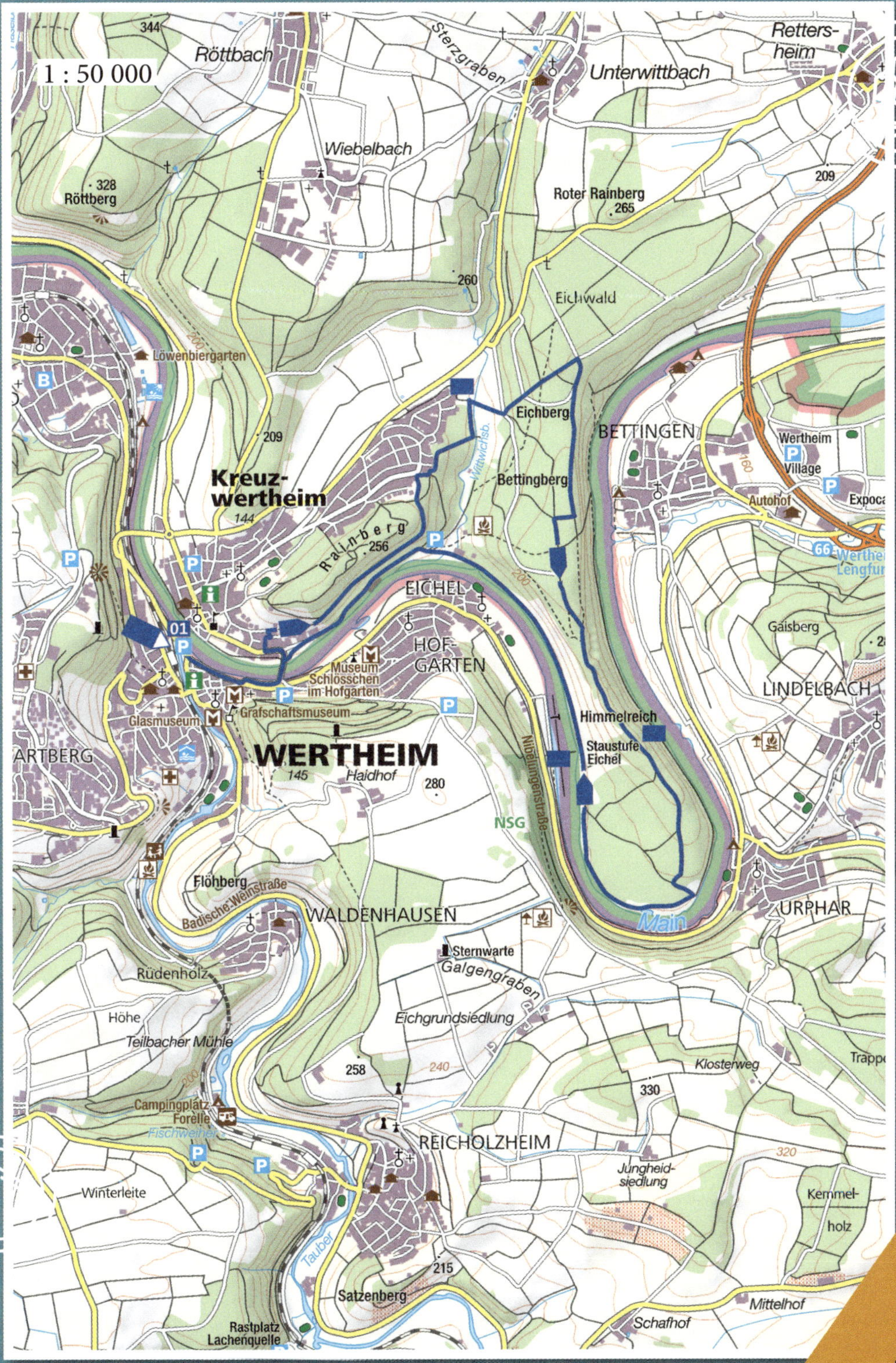
1 : 50 000
Röttbach
Sterzgraben
Unterwittbach
Retters-heim
Wiebelbach
Röttberg
Roter Rainberg
Eichwald
Löwenbiergarten
Eichberg
BETTINGEN
Wertheim Village
Autohof
Bettingberg
Kreuz-wertheim
Rainberg
EICHEL
HOF-GARTEN
Museum Schlösschen im Hofgarten
Grafschaftsmuseum
Glasmuseum
WERTHEIM
Haidhof
Gaisberg
LINDELBACH
Himmelreich
Staustufe Eichel
Nibelungenstraße
NSG
Main
URPHAR
Flöhberg
Badische Weinstraße
WALDENHAUSEN
Sternwarte
Galgengraben
Rüdenholz
Höhe
Teilbacher Mühle
Eichgrundsiedlung
Klosterweg
Campingplatz Forelle
Fischweiher
REICHOLZHEIM
Jungheid-siedlung
Winterleite
Kemmel-holz
Tauber
Satzenberg
Mittelhof
Schafhof
Rastplatz Lachenquelle

Rund um Wertheim

Sehr abwechslungsreiche Wanderung, zunächst über die Höhen des Maintals, dann zurück durch eine wunderschöne Auenlandschaft.

DISTANZ: **15,6 KM**
DAUER: **4:30 H**
ANSTIEG: **296 HM**
ANSPRUCH: **LEICHT**

Wir starten am Parkplatz am Mainufer in Wertheim **01**, etwa 70 km südöstlich von Frankfurt am Main. Dort folgen wir dem blauen M, der Markierung des Mainwanderweges, laufen am Mainufer entlang, nach links über die Mainbrücke und erreichen das gegenüberliegende Kreuzwertheim, wo unser Rundweg beginnt. Die Markierung führt uns an einer Bushaltestelle vorbei über Stufen den Hang hinauf und zwischen Wohnhäusern hindurch.

Wir verlassen die Ortschaft und wandern zwischen Obstbäumen und neben Buntsandstein-Trockenmauern unterhalb eines ehemaligen Weinbaugebietes. Wir freuen uns über den freien Blick ins Maintal, erreichen einen Wald, durchqueren ihn kurz und folgen am Ortsrand rechts weiter auf einem schmalen Waldpfad hangabwärts dem M in das Tal des Wittwichsbachs **02**. Dort folgen wir dem Wasser ein Stück und gehen dann über eine Wiese. Bei einem Wegweiser biegen wir rechts ab und überqueren den Bach. Zwischen Wiesen erreichen wir wieder einen Wald und es geht wieder bergauf.

Ein gutes Stück bleiben wir auf einem Forstweg bis zu einem Wegweiser, bei dem wir vom Mainwanderweg zum Heunweg wechseln und dabei das blaue M gegen ein H tauschen. Am Wege steht ein noch junger Mammutbaum mit einer Hinweistafel. Der hat noch Wachstum vor sich, er wurde erst nach dem Sturm „Wiebke" 1991 gepflanzt. Etwa 200 m weiter biegen wir in einen kleinen Waldpfad nach links ab. Lange wandern wir auf Waldpfaden in Richtung Himmelreich **03**.

Dieser Name verspricht nicht zu viel – ein traumhafter, weicher Pfad führt dort durch kleinwüchsigen Mischwald auf der Höhe entlang, später leicht hangabwärts bis an das Mainufer. Wir laufen weiter in Ufernähe am Wasser entlang, mal zwischen Waldabschnitten, dann über Wiesen und vorbei an Streuobstwiesen. Nach dem Wasserkraftwerk Eichel 04 erreichen wir am Schilfrand entlang wieder den Wittwichsbach. Bei einem Wegweiser wandern wir auf einem Feldweg weiter am Ufer entlang bis zur Mainbrücke, wo wir über den Zuweg wieder zu unserem Ausgangspunkt 01 kommen.

27 Fränkische Schweiz

Prost ihr Wandernden!

DER **BRAUEREIENWEG**

Durstig muss hier niemand bleiben, eher muss man aufpassen, unterwegs nicht allzu fröhlich zu werden und das Ziel mit geraden Schritten zu erreichen. Warum? Weil auf dieser Route vier oberfränkische Brauereien besucht werden.

Mit seinen vier traditionsreichen Bierherstellern ist das Dorf Aufseß im Landkreis Bayreuth der Weltrekordhalter in Sachen der Brauereiendichte pro Einwohner. Dafür gab es 2001 sogar einen Eintrag im Guinnes-Buch (dessen erste Ausgabe übrigens von 1955 von einer irischen Brauerei in Auftrag gegeben wurde). Ein lohnender Rundwanderweg führt auf den Spuren des Gerstensafts von Aufseß nach Neuhaus, Sachsendorf, Hochstahl, Heckenhof und wieder zurück. Durchgängig mit Holzschildern gekennzeichnet verläuft diese Route auf geteerten und befestigten Straßen, Wald- und Flurwegen. In allen vier Brauereigaststätten gibt es einen Wanderpass, den man sich abstempeln lassen kann, um zuletzt eine Urkunde als Ehrenbiertrinker der Weltmeisterbrauereien zu erhalten. Prost!

WO GIBT'S DENN SOWAS?

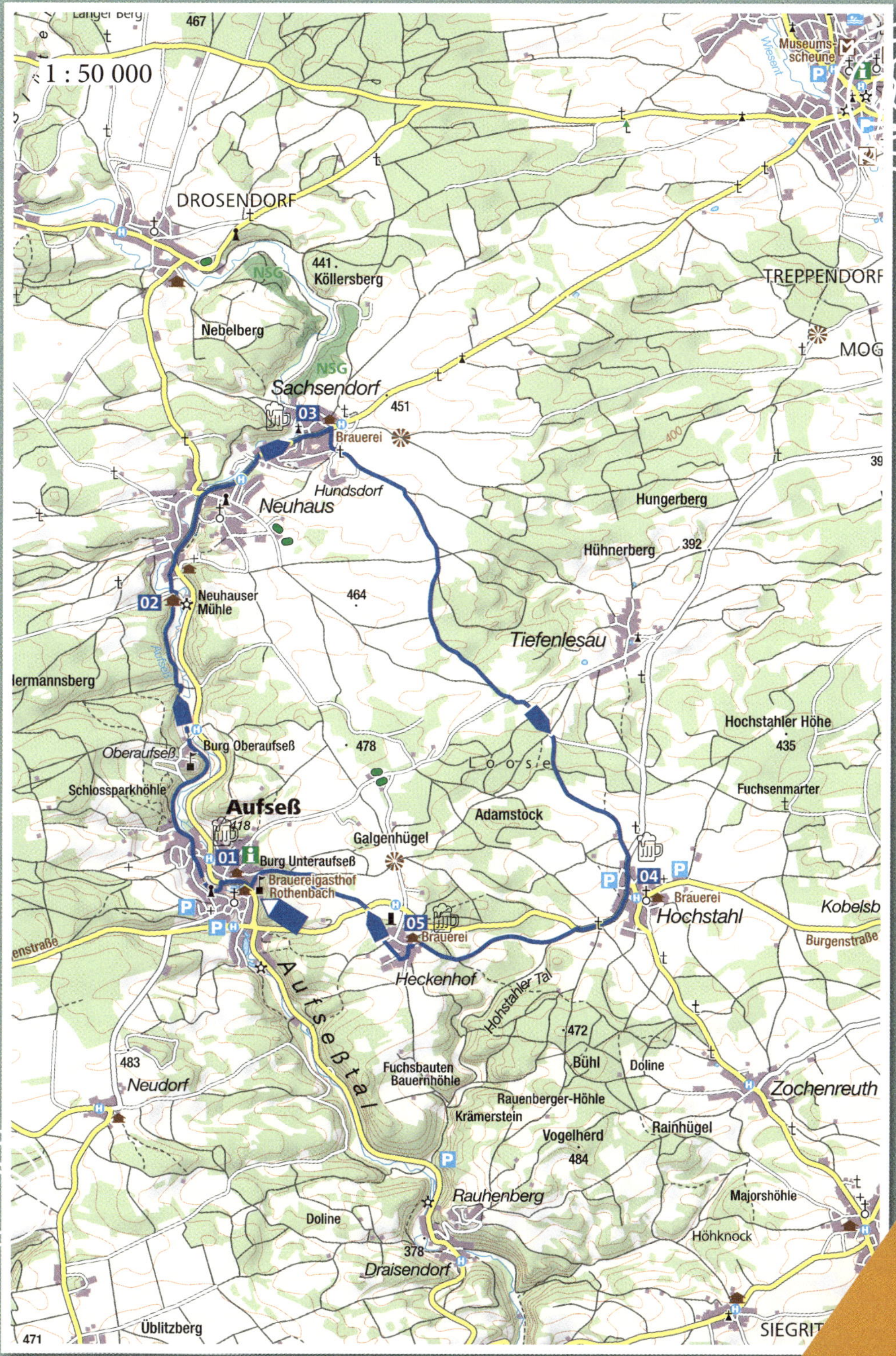
1 : 50 000
Langer Berg
467
Museums-scheune
Wiesent
DROSENDORF
441
Köllersberg
NSG
Nebelberg
TREPPENDORF
MOG
Sachsendorf
03
451
Brauerei
400
Hundsdorf
Neuhaus
Hungerberg
Hühnerberg
392
02
Neuhauser Mühle
464
Tiefenlesau
lermannsberg
Aufseß
Burg Oberaufseß
Oberaufseß
478
Loose
Hochstahler Höhe
435
Schlossparkhöhle
Fuchsenmarter
Aufseß
418
Adamstock
Galgenhügel
01
Burg Unteraufseß
Brauereigasthof Rothenbach
04
Brauerei
Hochstahl
Kobelsb
05
Brauerei
Burgenstraße
enstraße
Heckenhof
Hohstahler Tal
Aufseßtal
472
483
Bühl
Doline
Neudorf
Fuchsbauten Bauernhöhle
Zochenreuth
Rauenberger-Höhle
Krämerstein
Vogelherd
484
Rainhügel
Rauhenberg
Majorshöhle
Doline
Höhknock
378
Draisendorf
Üblitzberg
471
SIEGRIT

Der Brauereienweg rund um Aufseß

Wir wandern hier fast ausschließlich auf breiten Feld- und Waldwegen, manchmal aber auch auf Asphalt.

DISTANZ: **13,1 KM**
DAUER: **4:00 H**
ANSTIEG: **416 HM**
ANSPRUCH: **LEICHT**

Vom Parkplatz des Brauereigasthofes Rothenbach in Aufseß 01, circa 25 km westlich von Bayreuth, geht es kurz neben der Staatsstraße Richtung Neuhaus. Beim Parkplatz biegen wir links in den „Burggraben“ ein, gehen über ein Brücklein und dann gleich rechts auf den Schotterweg. Wir folgen dem Weg, der uns in die Brunnengasse führt. Weiter durch die Gasse, ein schmales Sträßchen überqueren und auf der anderen Seite in die Neuhauser Straße hinein. Wir halten uns rechts, bis wir auf einen asphaltierten Weg gelangen, der uns an der Aufseß entlangführt. So kommen wir unterhalb von Schloss Oberaufseß an. Hier gehen wir geradeaus weiter auf einen Wiesenpfad. Nun geht es immer an der Aufseß entlang, vorbei am Hotel „Zum Mühlengrund“ 02. Bald überqueren wir zwei Brücken. Ein paar Minuten später wenden wir uns nach links und gleich wieder rechts. Der Weg führt weiter an der Aufseß entlang, dann geht es kurz steil hinab auf einen asphaltierten Weg; hier nach links, dann gleich wieder rechts über die Brücke und durch die Mühlengrundstraße hindurch. Jetzt folgen wir dem Fußweg, der rechts neben der Hauptstraße verläuft. Er führt uns über Neuhaus nach Sachsendorf (Brauereigasthof Stadter) 03.

Dann folgen wir der Hauptstraße weiter bergauf und am Ortsende biegen wir dann nach rechts ein. Die Straße führt uns weiter bergauf. Oben kommen wir zu einer großen Kreuzung. Hier halten wir uns links und biegen auf den Schotterweg ein. Nun geht es gut eine Stunde auf breiten, bequemen Schotterwegen abwechselnd erst an Wiesen und Feldern vorbei, dann am Waldrand entlang und ab und an kurz durch lichten Wald. In Hochstahl führt uns unser Weg zur Hauptstraße und vorbei am Brauereigasthof Reichold **04**.

Am Ortsende wechseln wir nach links weg von der Straße über ein Steinbrücklein. Zunächst folgen wir einem Schotterpfad, der jedoch schnell in einen asphaltierten Weg übergeht und schließlich – den Weg leicht links einschlagend – zu einem breiten Schotterweg wird. Nach circa 100 Metern halten wir uns rechts. Nun geht es – stets leicht bergauf – erst an Wiesen vorbei und dann durch den Wald nach Heckenhof. An der Hauptstraße in Heckenhof biegen wir links ab, nach wenigen Metern gleich wieder rechts zur Brauerei Kathi-Bräu **05**. Wir gehen an der Brauerei vorbei und halten uns rechts. Ein Teerweg führt uns zur Straße. Hier biegen wir links ein bis zur Staatsstraße. Wie überqueren diese und auf der anderen Seite geht es auf einem Feldweg weiter. Bei der Weggabelung biegen wir auf den teils asphaltierten Weg nach links ab. Er führt uns leicht abwärts bis an den Ortsrand von Aufseß. Die steile Straße führt uns hier geradewegs zum Brauereigasthof Rothenbach in Aufseß **01**.

Und sie dreht sich doch!

UM DAS **ENDE DER WELTACHSE**

„Do werd die Weltachse ingeschmeert, un ufgebaßt, dass nix passeert!“ Glaubt man dem Pfälzer Heimatdichter Paul Münch, dann findet man in der Nähe des Dorfes Waldleiningen nichts weniger als den Mittelpunkt der Welt.

Mitten im Wald zwischen dem Ort und dem Johanniskreuz liegt auf dem 459 Meter hohen Roßrück ein riesiger Buntsandsteinklotz mit obiger Inschrift. Die Waldleininger, so heißt es, hätten die verantwortungsvolle Aufgabe, die Weltachse ordentlich zu schmieren. Das wird auf Dauer aber nichts helfen, denn die 1899 genau vermessene Lage der Erdachse verschiebt sich nicht zuletzt auch wegen der globalen Erderwärmung derzeit nach Osten, wie Geophysiker herausgefunden haben, und das bis zu 17 Zentimeter pro Jahr. Ob das auch für die fiktive Pfälzer Weltachse gilt, weiß man nicht so genau. Ein Grund mehr, ihr inmitten der schönen Pfälzer Landschaft einen Wanderbesuch abzustatten, ist damit allemal gegeben.

WO GIBT'S DENN SOWAS?

1 : 50 000
Staatsforst
Stiftswald
Kaiserslautern
Waldleiningen
Mölschbach
Staatsforst
Kaiserslautern
Staatsforst
Johanniskreuz
Speyerbrunn
Stüterhof
Am Stall
01
02
03
04
05
48
Deutsche Alleenstraße
Dt. Alleenstraße
Römerstraße
Heiligenberg
394
Bremenkopf
387
Humberg
373
Sindelsberg
380
Bockenberg
389
Bäckerpfadkopf
404
Mittelbornberg
388
Stiefelsohler Berg
Weidensohler Berg
375
Jägerhübel
361
Harter Kopf
452
Roteneck
383
Mitteleck
388
Brunnenberg
Leiterberg
507
Hoher Oselkopf
Niederer Oselkopf
428
Riesenberg
Weltersberg
Mückenberg
Mückenwiese
Klaffeneck
356
Steinberg
Stromberg
468
Eulenkopf
460
Eulenberg
490
Großes Scheidtaler Eck
481
Kleines Scheidtaler Eck
497
Scheidwald
Kleiner Steinberg
326
Großer Steinberg
309
Lindenköpfe
366
Hannickelkreuz
Buchholzfelsen
Dammberg
351
Brotpfadkopf
372
Italienerstein
Kleiner Roßbrück
Großer Roßbrück
Sesterstein
Saufels
Haselrain
Ruine Beilstein
Entersweiler Mühle
Heiligental
Bockental
Großes Springental
Leinhöfer Tal
Mölschbacher Tal
Lindental
Churecktal
Stütertoch
Brunnental
Großes Lindental
Hochstraße
Kehrtal
Felsenbrunner Tal
Gr. Scheidtal
Kl. Scheidtal
Klaffental
Hungerbrunnen
Bockenbrunnen
Dammbrunnen
Mittelborn
Haidhaldquelle
Schneiderbrunnen
Stählerbrunnen
Reitzerbrunnen
Krottenbuc
366
417
468
380
399
415
355
311
290
340
412
403
264
345
514
516
398
466
339
296

Rundwanderung um das „Ende der Weltachse“

Schmale Waldpfade, teils etwas wurzelig sowie breite Forstwege, nur kurze Asphaltpassagen.

DISTANZ: **10,8 KM**
DAUER: **3:00 H**
ANSTIEG: **405 HM**
ANSPRUCH: **LEICHT**

Wir starten vom Parkplatz „Zur Weltachs“ Am Stall **01** nahe Waldleiningen an der Straße zwischen Johanniskreuz und Hochspeyer (Kreuzung B48/L504). Dort überqueren wir die L504 und folgen der Roten-1-Markierung Richtung „Weltachs“. Über einen kreuzenden Forstweg und rechts halten. Wir verlassen ihn nach wenigen Metern in einer Rechtskurve und gehen links weiter (Markierung „Weltachs“). Nach Überqueren eines weiteren Forstwegs geht es auf einem Pfad im Wald bergan. Bald zweigen wir rechts ab, oben ist schon die „Weltachse“ **02** zu erkennen. Wir passieren die zwei aufeinanderliegenden Felsen mit der Inschrift „Do werd die Weltachs ingeschmeert un ufgebasst dass nix passeert“ und wandern an weiteren kleineren Felsen vorbei. Auf einem Gratrücken verläuft der Pfad durch lichten Wald und führt später in Kehren bergab zur Straße. Wir überqueren diese, halten uns rechts auf einem schmalen Pfad, leicht oberhalb der Straße. Es geht wieder stärker in den Wald und der Weg steigt zunächst leicht an. Wir unterqueren Stromtrassen, passieren einen Grenzstein von 1774 und gehen geradeaus weiter, bis wir auf Straßen treffen. Wir nehmen die Abzweigung rechts Richtung Stüterhof (markanter Sandsteinfels **03** mit Inschrift).

Sodann folgen wir der B48 kurz nach rechts, biegen in die erste Einfahrt links ein und folgen rechts einem verwachsenen Waldweg (roter Punkt am Baum). Bei der nächsten Kreuzung halten wir uns scharf links und folgen der Markierung weißes Kreuz leicht bergab. Durch urwüchsigen Wald gelangen wir zur Position

Am Sandplatz 04. Ein mächtiger behauener Stein dominiert die Kreuzung.

Wir verlassen den breiten Forstweg, folgen zunächst der Markierung Weißes Kreuz, bis wir bei einem Jägerstand die Kreuzmarkierung verlassen, nach links abbiegen und etwas steiler in den Wald hinein ansteigen. Wir folgen dann links einer MTB-Beschilderung und später einem grünem P. Der schmale Pfad führt in Kehren steil den Waldhang hinab. Wir verlassen den MTB-Weg über Treppenstufen nach links und steigen steil zur Autostraße hinab. Wir überqueren sie und umlaufen den kleinen Seewoog-Teich 05.

Bei einer Sitzbank mit Steintisch vor einem Felsen folgen wir nicht dem Weg (grünes P), der über Treppenstufen rechts hochgeht, sondern bleiben auf dem breiten Forstweg am Ufer entlang und biegen dann links auf einen rot-weiß markierten Waldweg ab. Ein paar Hundert Meter parallel zur Straße biegen wir rechts (Rot-weiß-Markierung) ab in einen Feldweg, der uns leicht ansteigend durch den Wald leitet. Wir stoßen auf die Bundesstraße, gehen ein paar Meter links, überqueren sie und biegen rechts in den Wald. Bei der nächsten Kreuzung halten wir uns links und gelangen leicht abwärtsgehend, an einem großen Grenzstein vorbei, zurück zum Parkplatz Am Stall 01.

Auftauchen im Reich der Nixen

ZUM SAGENHAFTEN **MUMMELSEE**

Schon mal Mummeln gesehen? Der Name des Mummelsees, einer der beliebtesten Badeseen im Schwarzwald, könnte für die Seerosen stehen, die an seinem Ufer blühen – oder für die Nixen, die in seiner Tiefe wohnen sollen.

Der Volksmund bezeichnet anmutige Wasserfrauen jedenfalls als Mümmeln. Und damit sind wir schon bei jenen sagenhaften und mitunter auch recht düsteren Geschichten, die man sich bis heute über das bezaubernde Gewässer erzählt – Geschichten über die Gefahren der dunklen Tiefe und über unerfüllte Liebe, über seltsame Sagengestalten und ein Kloster, das auf dem Seegrund liegen soll.
Die 1.164 Meter hohe Hornisgrinde, der dominierende Berg im Nordschwarzwald, erhebt sich direkt im Norden des Mummelsees. Sie verspricht einen weiten Ausblick über die Ortenau und das Rheintal hinweg zu den Vogesen sowie ostwärts über das Murgtal bis zur Schwäbischen Alb. Wer diese Anhöhe ersteigt, taucht gleichsam auf: vom Sagendunkel ins Licht schier grenzenloser Weite.

SAGENHAFT!

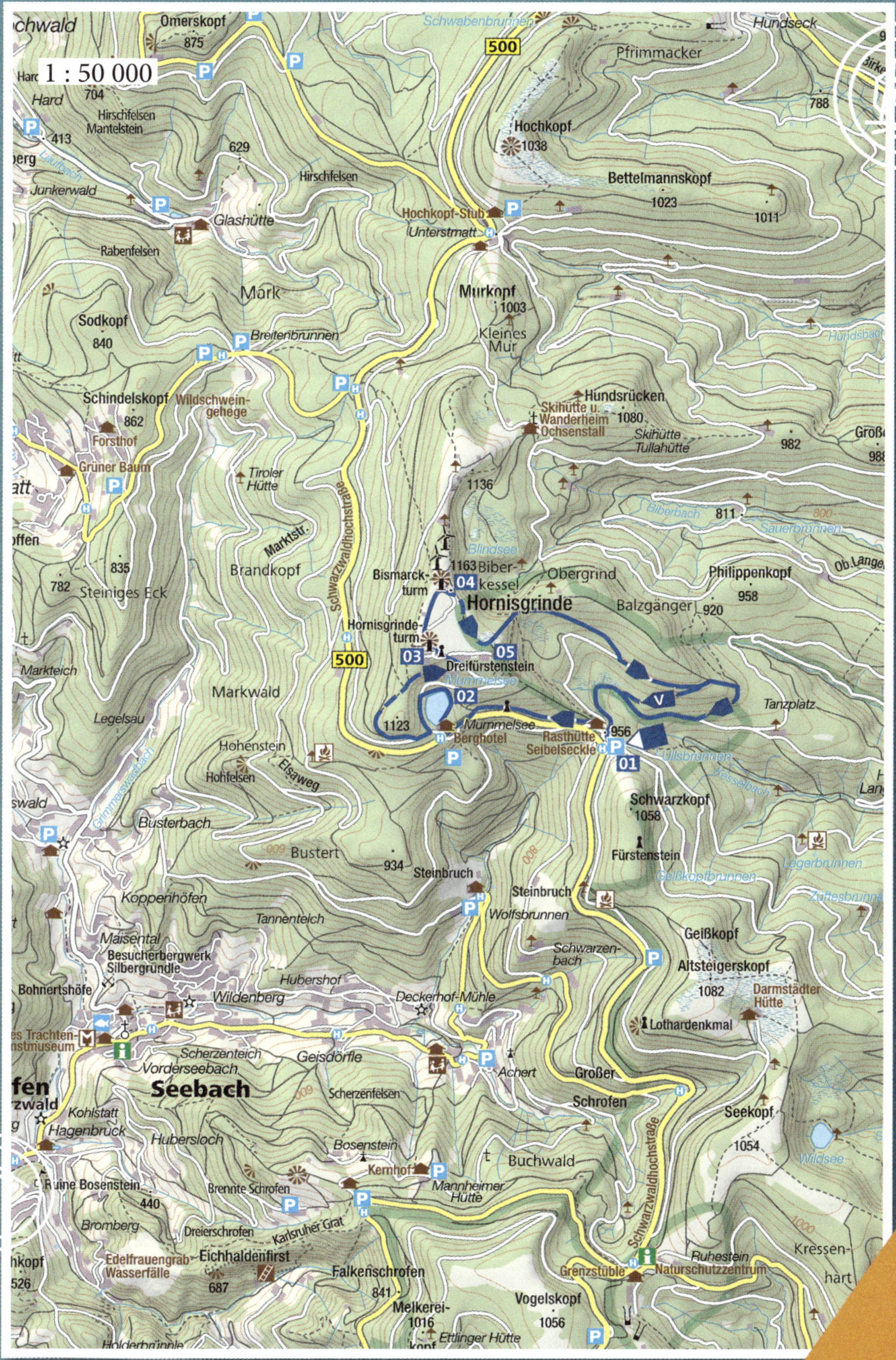
1 : 50 000
Omerskopf
875
Schwabenbrunnen
500
Hundseck
Pfrimmacker
Hard
704
Hirschfelsen
Mantelstein
413
Lautbach
Junkerwald
629
Hirschfelsen
Hochkopf
1038
788
Bettelmannskopf
1023
1011
Glashütte
Rabenfelsen
Hochkopf-Stub
Unterstmatt
Mark
Murkopf
1003
Kleines
Mur
Sodkopf
840
Breitenbrunnen
Schindelskopf
862
Forsthof
Grüner Baum
Wildschwein-
gehege
Skihütte u.
Wanderheim
Ochsenstall
Hundsrücken
1080
Skihütte
Tullahütte
982
Tiroler
Hütte
Schwarzwaldhochstraße
Marktstr.
1136
Biberbach
811
Sauerbrunnen
Blindsee
835
782
Steiniges Eck
Brandkopf
Bismarck-
turm
1163
Biber-
kessel
04
Obergrind
Philippenkopf
958
Ob.Lange
Hornisgrinde
Balzgänger
920
Hornisgrinde-
turm
03
05
Dreifürstenstein
Mummelsee
02
V
Tanzplatz
Markteich
500
Markwald
Legelsau
1123
Mummelsee
Berghotel
Rasthütte
Seibelseckle
956
01
Ullsbrunnen
Kesselbach
Hohenstein
Hohfelsen
Elsaweg
Schwarzkopf
1058
Fürstenstein
Grimmerswaldbach
Busterbach
Bustert
934
Steinbruch
Steinbruch
Geißkopfbrunnen
Legerbrunnen
Koppenhöfen
Tannenteich
Wolfsbrunnen
Schwarzen-
bach
Geißkopf
Altsteigerskopf
1082
Darmstädter
Hütte
Maisental
Besucherbergwerk
Silbergründle
Bohnertshöfe
Hubershof
Wildenberg
Deckerhof-Mühle
Lothardenkmal
Scherzenteich
Vorderseebach
Geisdörfle
Achert
Seebach
Scherzenfelsen
Großer
Schrofen
Seekopf
1054
Kohlstatt
Hagenbruck
Hubersloch
Bosenstein
Kernhof
Buchwald
Wildsee
Ruine Bosenstein
440
Brennte Schrofen
Mannheimer
Hütte
Bromberg
Dreierschrofen
Karlsruher Grat
Edelfrauengrab
Wasserfälle
Eichhaldenfirst
687
Falkenschrofen
841
Grenzstüble
Naturschutzzentrum
Ruhestein
Kressen-
hart
Melkerei-
1016
kopf
Vogelskopf
1056
Ettlinger Hütte
Holderbrünnle

Seibelseckle – Mummelsee – Hornisgrinde

Wald- und Panoramawanderung auf überwiegend bequemen Wegen.

DISTANZ: **8,75 KM**
DAUER: **2:30 H**
ANSTIEG: **269 HM**
ANSPRUCH: **LEICHT**

Das Seibelseckle 01 ist ein Alpin-Skizentrum mit Lift und Flutlichthang am Schwarzkopf. Der Wanderparkplatz, an dem auch mehrere Wanderwege und Loipen beginnen und der Westweg vorüberführt, liegt an der Schwarzwaldhochstraße (B500) in der Einsattelung zwischen Hornisgrinde und Schwarzkopf; ein kleines Gasthaus lädt zur Brotzeit ein. Vom Seibelseckle führt der Westweg/Seensteig parallel zur Schwarzwaldhochstraße am Ecklesbrunnen vorbei im Wald hinauf zum Mummelsee 02. Wenn der Wanderweg das Ufer erreicht, gehen wir am Ufer rechts entlang weiter, um nicht sofort auf dem Reisebus- und Motorradparkplatz zu landen. Vom Berghotel Mummelsee leitet der Westweg weiter im Hang des Katzenkopfs, auf dieser Strecke eröffnen sich dem Wanderer immer wieder grandiose Aussichten, geschaffen von Stürmen. Schließlich erreicht der Westweg den Hornisgrindeturm 03, einen Aussichtsturm, an dem Tische und Bänke zum Rasten einladen. Die Bezeichnung „Grinde“ weist darauf hin, dass das zum Teil vermoorte Gipfelplateau früher als Viehweide genutzt wurde und waldfrei ist. Frei schweift der Blick westwärts über das Rheintal hinweg zu den Vogesen und im Osten an klaren Tagen bis zur Schwäbischen Alb; auf der Ostseite findet sich hoch über dem Biberkessel ein Hochmoor, durch das vom zweiten Aussichtsturm, dem Bismarckturm 04, ein Bohlensteg führt.

Beim Bismarckturm verlassen wir den Westweg. Am Ostrand der Gipfelverebnung führt ein Steinplatten- und später Bohlenweg durch das Hochmoor, am Wegrand stehen Naturlehrpfad-Informationstafeln und Sitzbänke. Schließlich taucht der Weg in den Wald ein und erreicht den Dreifürstenstein 05. Der Dreifürstenstein am Südostrand der Hornisgrinden-Gipfelverebnung ist einer der größten historischen Grenzsteine in Deutschland; die mit Wappen verzierten Grenzlinien der Markgrafschaft Baden, des Herzogtums Württemberg und des Fürstentums Straßburg gaben der gewaltigen Steinplatte aus dem Jahre 1722 ihren Namen.

Vom Dreifürstenstein folgt die gelbe Raute einem steinigen Weg im Wald abwärts in die weitgehend entwaldete Windwurfzone. Der Blick fällt hinab zum Ausgangspunkt am Seibelseckle 01, das auf zwei Routen erreichbar ist: Links hinab steil 1,5 km, geradeaus 2,2 km, beide Varianten sind mit der gelben Raute markiert.

30 Schwarzwald

Jetzt schlägt's 13!

ZUR **GRÖSSTEN KUCKUCKSUHR** DEUTSCHLANDS

Zum Kuckuck! Ganze fünf ideenreiche und arbeitsame Jahre hat es gedauert, bis in Triberg im Schwarzwald ein tickender Weltrekord Wirklichkeit wurde: Die größte Kuckucksuhr des Planeten, monumentale 4,59 mal 4,50 Meter groß.

Im Inneren dieses Riesenuhrwerks greifen hölzerne Zahnräder mit einem Durchmesser bis zu 2,60 Meter ineinander; wer's nicht glaubt, lasse sich bei einer Führung davon überzeugen. Dabei wird man auch erfahren, dass allein der Kuckuck an die 150 Kilo auf die Waage bringt, dass das Pendel acht Meter lang und die gesamte Uhr rund sechs Tonnen schwer ist.
Dann ist es aber auch Zeit, zu den sieben Stufen der Triberger Wasserfälle, der zweiten großen Attraktion des Ortes, zu wandern. Diese insgesamt 163 Meter hohen Kaskaden plätschern inmitten der schönsten Schwarzwaldlandschaft, und sie haben durch die romantische Darstellung auf unzähligen Bildern aus dem 19. Jahrhundert das touristische Bild des Wasserfalls in Deutschland ganz entscheidend mitgeprägt.

WO GIBT'S DENN SOWAS?

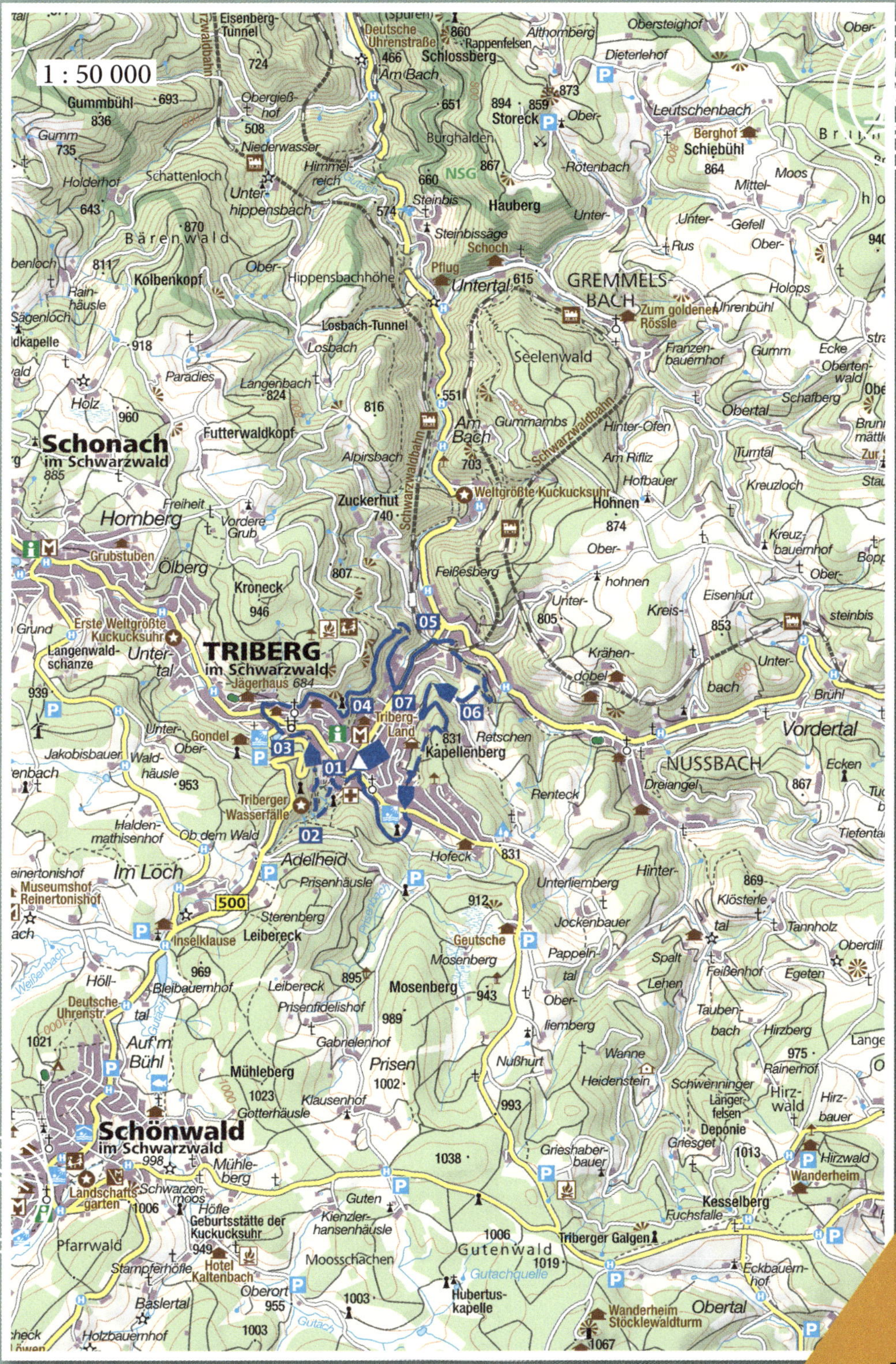

1 : 50 000
Eisenberg-Tunnel
Deutsche Uhrenstraße
Rappenfelsen
Althornberg
Obersteighof
Schlossberg
Am Bach
Dieterlehof
Gummbühl
Obergießhof
Storeck
Leutschenbach
Berghof
Schiebühl
Niederwasser
Burghalden
Himmelreich
NSG
Rötenbach
Schattenloch
Unterhippensbach
Steinbis
Hauberg
Moos
Holderhof
Mittel-
Steinbissäge
Schoch
Bärenwald
Unter-Gefell
Oberfell
Rus
Pflug
Untertal
GREMMELSBACH
Kolbenkopf
Hippensbachhöhe
Rainhäusle
Zum goldenen Rössle
Uhrenbühl
Holops
Sägenloch
Losbach-Tunnel
Losbach
Seelenwald
Franzenbauernhof
Gumm
Ecke
Obertenwald
Paradies
Langenbach
Schafberg
Obertal
Holz
Futterwaldkopf
Am Bach
Gummambs
Hinter-Ofen
Schonach im Schwarzwald
Alpirsbach
Am Rifliz
Turntal
Schwarzwaldbahn
Hofbauer
Kreuzloch
Weltgrößte Kuckucksuhr
Hohnen
Zuckerhut
Freiheit
Hornberg
Vordere Grub
Grubstuben
Ölberg
Oberhohnen
Kreuzbauernhof
Feißesberg
Kroneck
Unter-
Eisenhut
Kreis-
Erste Weltgrößte Kuckucksuhr
Grund
Langenwaldschanze
Untertal
TRIBERG im Schwarzwald
Jägerhaus
Krähendobel
Unterbach
Brühl
Vordertal
Gondel
Triberg-Land
Retschen
Kapellenberg
Jakobisbauer
Waldhäusle
NUSSBACH
Ecken
Dreiangel
Renteck
Triberger Wasserfälle
Haldenmathisenhof
Ob dem Wald
Adelheid
Tiefental
Im Loch
Prisenhäusle
Hofeck
Hinter-
Unterliemberg
Museumshof Reinertonishof
Klösterle
Sterenberg
Jockenbauer
Tannholz
Oberdill
Inselklause
Leibereck
Geutsche
Mosenberg
Pappeltal
Spalt
Feißenhof
Egeten
Bleibauernhof
Lehen
Leibereck
Mosenberg
Oberliemberg
Taubenbach
Deutsche Uhrenstr.
Prisenfidelishof
Hirzberg
Gabrielenhof
Wanne
Rainerhof
Auf'm Bühl
Mühleberg
Prisen
Nußhurt
Heidenstein
Schwenninger Langer felsen
Hirzwald
Hirzbauer
Klausenhof
Gotterhäusle
Deponie
Griesget
Schönwald im Schwarzwald
Mühleberg
Grieshaberbauer
Hirzwald
Wanderheim
Landschaftsgarten
Schwarzenmoos
Guten
Höfle
Kesselberg
Geburtsstätte der Kuckucksuhr
Kienzlerhansenhäusle
Fuchsfalle
Pfarrwald
Gutenwald
Triberger Galgen
Stampferhöfle
Hotel Kaltenbach
Moosschachen
Gutachquelle
Eckbauernhof
Oberort
Hubertuskapelle
Baslertal
Wanderheim Stöcklewaldturm
Obertal
Holzbauernhof
Gutach
01
02
03
04
05
06
07
500

Triberger Wasserfälle

Steilerer Anstieg auf dem Kaskadenweg zu den Wasserfällen und vom Unterdorf zum Dreikaiser-Felsen, breite Forstwege und schmälere Waldpfade, nur kurze Asphaltpassagen.

DISTANZ: **9 KM**
DAUER: **3:00 H**

ANSTIEG: **337 HM**
ANSPRUCH: **LEICHT**

Vom Haupteingang der Wasserfälle in Triberg 01 folgen wir dem Kaskadenweg, der zu einer ersten Aussichtsstelle ansteigt. Wir halten uns rechts Richtung Bergsee (gelbe Raute), stoßen bei der Bergseebrücke 02 auf eine weitere Verzweigung und überqueren den Bach. Sanft bergab zu einer Abzweigung, von der wir geradeaus zu einem weiteren Aussichtspavillon gehen. An einem Hochseilgarten vorbei zur Triberger Wallfahrtskirche. Wieder auf Asphalt bergab zum Bergsee 03. Vor dem Bergseestüble rechts auf einen Asphaltweg, der steiler zur Clemens-Maria-Hofbauer-Straße hinabführt, dann auf der Schönwälder Straße rechts hinab. Wir überqueren sie und biegen nach einen Bach rechts auf den asphaltierten Panoramaweg ab. Sanft ansteigend passieren wir das Kroneck und wandern flach Richtung Ehrenmal. Bald endet der Asphaltbelag, wir folgen dem Kiesweg links und wandern am Waldrand entlang. Kurz darauf erreichen wir den Paul-von-Hindenburg-Turm 04.

Auf dem gekiesten Panoramaweg, an Aussichtsstellen vorbei und auf einem Waldpfad (gelbe Raute) bergab zu Häusern und zur Schlachthausstraße) in der Unterstadt. Links auf dem Gehweg zum Bahnhof, wo wir die Bahnhofsbrücke 05 unterqueren. Via Russenbuche und vorbei am Gerwig-Denkmal über die Straße, dann auf einem anfangs asphaltierten Pfad (Stufen) zu einem Pavillon hinauf. Auf dem schmäleren Pfad zu einer Verzweigung beim Schützenhaus. Wir halten uns rechts, steigen leicht an, überqueren eine Wiese, stoßen auf einen Forstweg und treffen rechts in einer Kurve auf ein Asphaltsträßchen bei der 2006 neu gepflanzte Russenbuche 06.

Wir folgen dem Sträßchen (gelbe Raute) wieder leicht ansteigend und schwenken bei der nächsten Linkskehre rechts auf einen nicht asphaltierten Forstweg ab. Weiter ansteigend biegen wir bei der Pos. 730 m scharf links ab und erreichen über eine breitere Forststraße den Dreikaiserfelsen 07. Beim Aussichtspavillon vorbei geht es den Wald hinab zu einem breiten Forstweg, dem wir kurz nach links folgen, ihn aber bald nach rechts verlassen und dem ausgeschilderten Nordic-Walking-Weg folgen. Ein Waldpfad bringt uns hinab zu einem mit gelber Raute markierten Weg. Wir halten uns links und wandern, mit herrlichem Ausblick hinab nach Triberg und ins Tal, zu den ersten Häusern und zur Straße. Über die Rohrbacher Straße und über den Bach hinüber folgen wir der gelben Raute, wieder ansteigend Richtung Wald, rechts unten ist das Schwimmbad zu sehen. Wir passieren den Julius-Wetzel-Stein und folgen der blauen Raute bergab. Zuletzt wieder auf Asphalt kommen wir zur Pos. Kurhaus und sind nach 200 m wieder am Haupteingang der Triberger Wasserfälle 01.

31 Schwäbische Alb

Erlebe ein blaues Wunder!

ZUR **WASSERREICHSTEN KARSTQUELLE** DEUTSCHLANDS

Die zweitgrößte Karstquelle Deutschlands ist so schön, dass an ihrem Rand sogar die Wasserfrau Lau das Lachen wieder lernte. So erzählte es jedenfalls Eduard Mörike, der den Blautopf bei Blaubeuren zu einer populären Sagen-Location machte.

Dabei ist der Blautopf selbst ohne literarische Würdigung höchst sehenswert – und ein grandioser Start- bzw. Zielpunkt für eine aussichtsreiche Rundtour am Ostrand der Schwäbischen Alb. Das kühle Nass, das dort aus dem Untergrund quillt, wurde durch seine ganz speziellen Farbeindrücke bekannt, die durch die sogenannte Rayleigh-Streuung von Tageslicht an losgelösten, nur wenige Nanometer großen Kalkpartikeln entstehen. Und es speist ein Flüsschen, das originellerweise ebenfalls Blau heißt und rund 22 Kilometer der Donau bei Ulm entgegenfließt.
So weit müssen wir im Rahmen der hier vorgestellten Wanderung nicht marschieren, während wir uns auf allerlei Überraschungen am Wegesrand freuen dürfen.

HÖHER, GRÖSSER, WEITER …

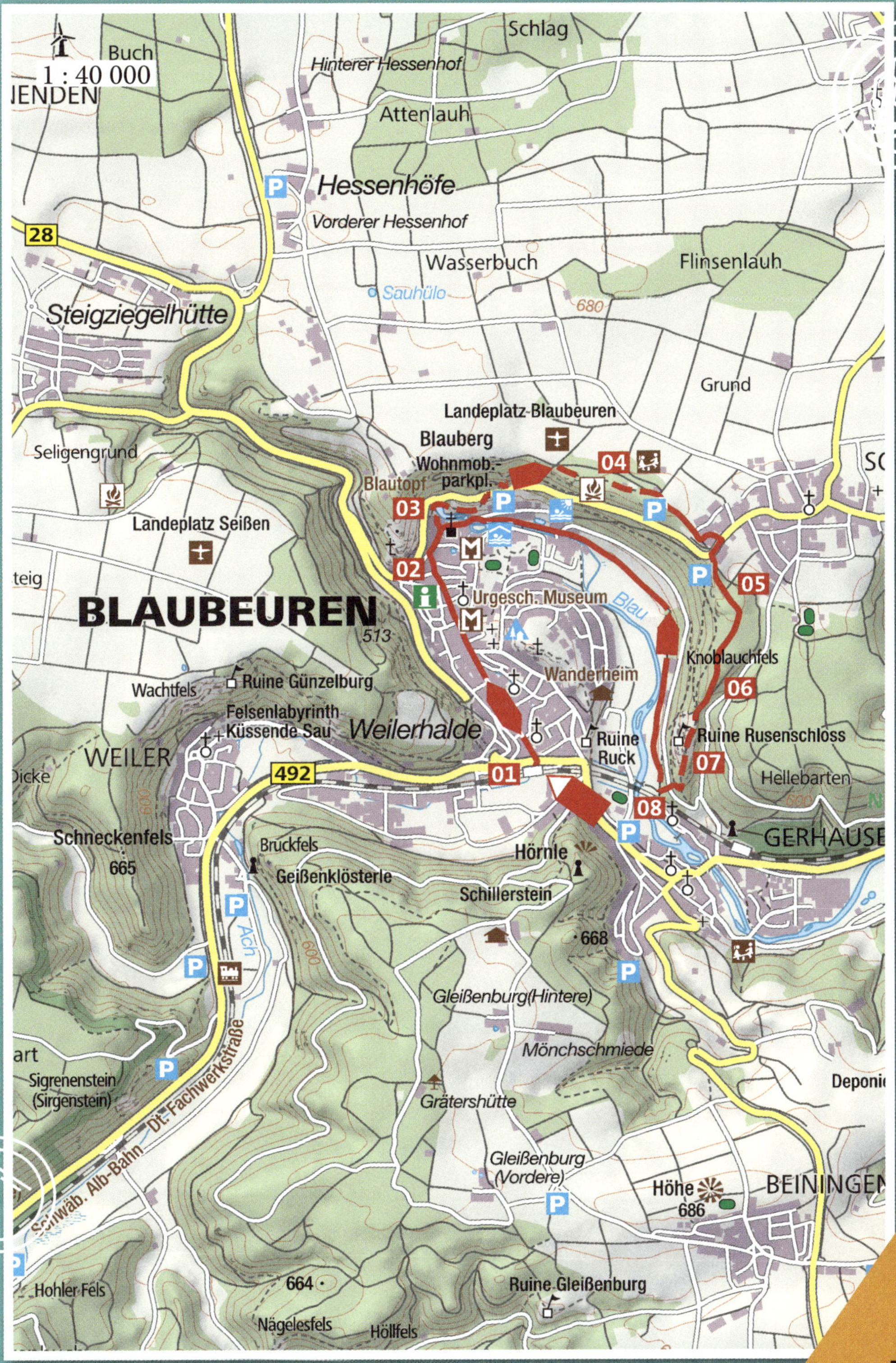
1 : 40 000
Buch
Schlag
Hinterer Hessenhof
Attenlauh
Hessenhöfe
Vorderer Hessenhof
28
Wasserbuch
Flinsenlauh
Sauhülo
680
Steigziegelhütte
Grund
Landeplatz Blaubeuren
Blauberg
Wohnmob.-parkpl.
04
Blautopf
03
Seligengrund
Landeplatz Seißen
02
05
Urgesch. Museum
Blau
BLAUBEUREN
513
Knoblauchfels
Wanderheim
06
Wachtfels
Ruine Günzelburg
Felsenlabyrinth Küssende Sau
Weilerhalde
Ruine Ruck
Ruine Rusenschloss
WEILER
07
Hellebarten
492
01
08
GERHAUSEN
Schneckenfels
665
Bruckfels
Geißenklösterle
Hörnle
Schillerstein
Ach
668
Gleißenburg(Hintere)
Mönchschmiede
Sigrenenstein (Sirgenstein)
Grätershütte
Dt. Fachwerkstraße
Schwäb. Alb-Bahn
Gleißenburg (Vordere)
Höhe
686
BEININGEN
Hohler Fels
664
Ruine Gleißenburg
Nägelesfels
Höllfels
Deponie

Blautopf – Rusenschloss

Der steile Anstieg nach dem Blautopf, der schmale Pfad am Knoblauchfelsen und der steile Abstieg nach dem Rusenschloss geben dieser ansonsten leichten Tour einen roten Anstrich.

DISTANZ: **9,7 KM**
DAUER: **3:30 H**
ANSTIEG: **220 HM**
ANSPRUCH: **MITTEL**

Vom Bahnhof in Blaubeuren [01], circa 15 km westlich von Ulm, gehen wir auf der Karlsstraße und der Klosterstraße zum Kloster Blaubeuren [02] und zum berühmten Blautopf [03].

Wir passieren die historische Hammerschmiede und die Figur der schönen Lau und wandern auf Naturwegen zunächst um den Teich herum (Markierung rote Gabel), dann auf schmalem Pfad durch den schattigen Wald bergan. Wir stoßen auf die Autostraße, gehen hinter den Leitplanken nach rechts und überqueren die Straße, um auf der anderen Seite auf einem breiten Forstweg wieder in den Wald hochzusteigen.

Oben am Waldende halten wir uns rechts und kommen wenig später zu einer großen Lichtung, dem Spielplatz Landsitz [04]. Nach dem Spielplatz stoßen wir auf die Asphaltstraße, die nach Sonderbuch führt. Wir können der Straße folgen oder geradeaus, rechts an den Häusern vorbei, über einen Wiesenpfad zur Blaubeurer Straße hinabgehen. Am Ortsschild und einem kleinen Parkplatz überqueren wir die Straße und folgen dem Naturweg in den Wald hinein. Bei einem Kriegerdenkmal [05] hat man rechts an der Hangkante einen ersten schönen Ausblick über Blaubeuren. Wir folgen nun einem schmalen Waldpfad leicht bergab, der uns wieder zurück auf den gekiesten Hauptweg bringt. Stets abwärtsgehend taucht vor uns der imposante Knoblauchfelsen [06] auf. Über einen ausgetretenen felsigen Pfad ist der aussichtsreiche Felskopf zu erreichen, allerdings ist Vorsicht geboten – auch weil hier seltene und geschützte Pflanzen wachsen.

Das nächste Ziel, das Rusenschloss 07, ist vom Knoblauchfelsen gut einzusehen und über eine paar steile Serpentinen führt uns bald ein schmaler Pfad durch einen Torbogen zu den Ruinen. Auf einer geländergesicherten, steilen Holztreppe gelangen wir hoch zu einem fantastischen Aussichtspunkt. Unterhalb des Rusenschlosses leitet uns ein Weglein wieder durch einen Torbogen bergab und zu imposanten Höhlen.

Wir können die Höhlen durchqueren und auf schmalem Pfad weiter bergabsteigen oder wir gehen die paar Meter zurück und bleiben auf unserem breiteren, mit roter Raute markierten Weg. Beide Varianten treffen sich bald wieder. Wir steigen im Wald weiter bergab, bis wir unter uns die Blau und die Eisenbahnlinie sehen. An einem Querweg biegen wir rechts ab und folgen den Markierungen am Waldrand entlang. Der mit Infotafeln ausgestattete Tugendpfad 08 bringt uns gemütlich und parallel zur Blau zum Blautopf zurück. Über die Karlsstraße erreichen wir wieder unseren Ausgangspunkt beim Bahnhof 01.

Großer Knall

ZUM EINSCHLAGKRATER EINES **ASTEROIDEN**

Von Bopfingen steigen wir auf einen kleinen, halbkugelförmigen Berg namens Ipf hinauf – und doch befinden wir uns inmitten eines riesigen Kraters. Warum? Weil dort vor gut 14 Millionen Jahren ein Meteorit eingeschlagen ist.

Das Nördlinger Ries zwischen der Schwäbischen und der Fränkischen Alb im Norden der bayerischen Donau hebt sich unübersehbar von seiner hügeligen Umgebung ab. Hielt man dieses Gebiet aufgrund der dort gefundenen Gesteine zunächst für eine vulkanische Struktur, so konnte 1960 nachgewiesen werden, dass es sich dabei um die Reste eines Einschlagkraters handelt. Der vermutlich 1,5 Kilometer große Himmelskörper bohrte sich dabei bis ins kristalline Grundgestein der Region ein und setzte dabei bis zu 150 Kubikkilometer Material in Bewegung. Heute zählt das fast kreisrunde Ries, das einen Durchmesser bis zu 24 Kilometer aufweist, zu den am besten erhaltenen Impaktkratern der Erde. Grund genug, einmal von oben einen Blick darauf zu werfen!

WO GIBT'S DENN SOWAS?

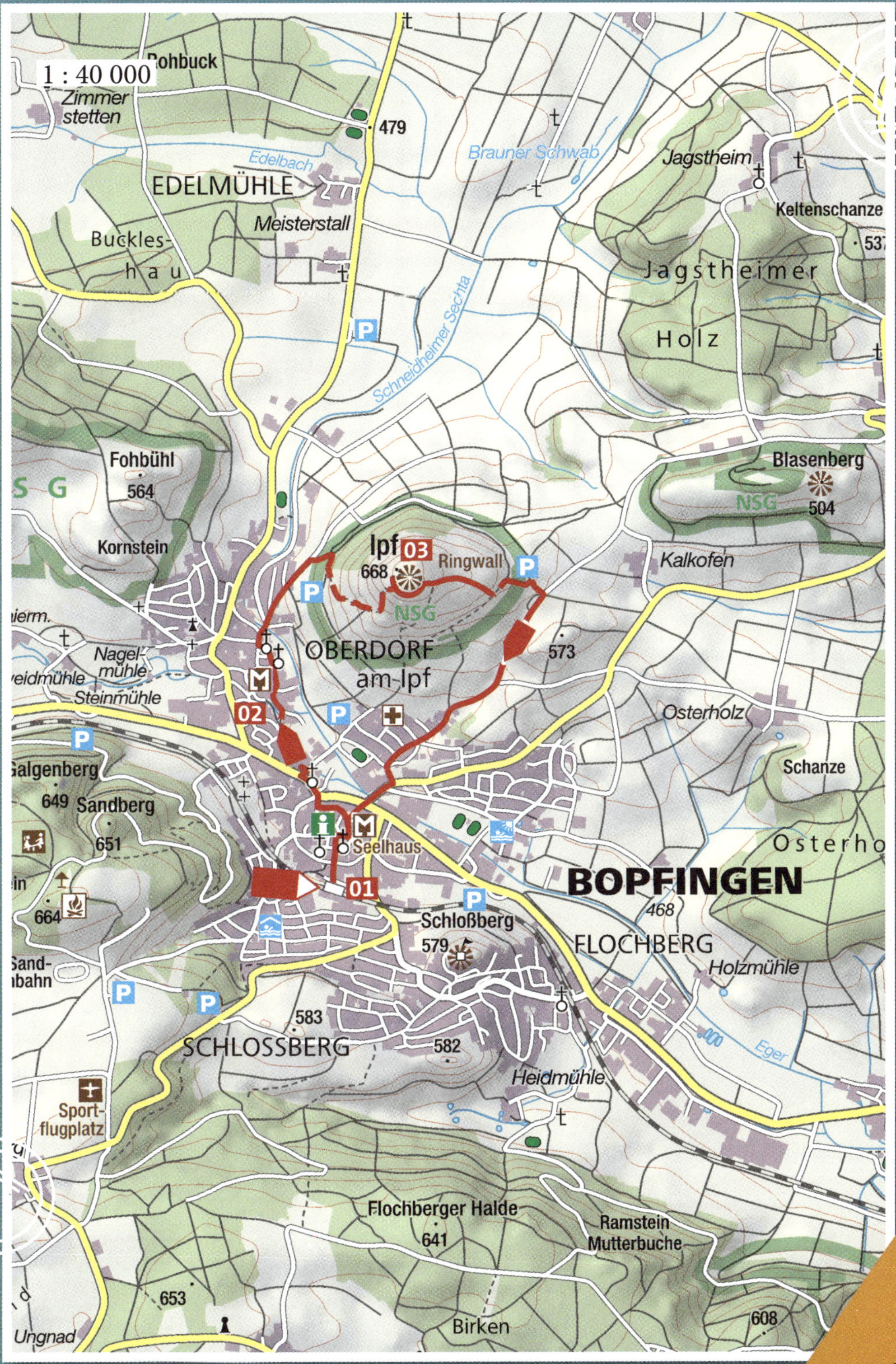
1 : 40 000
Rohbuck
Zimmerstetten
479
Edelbach
EDELMÜHLE
Meisterstall
Buckles-hau
Brauner Schwab
Jagstheim
Keltenschanze
537
Jagstheimer Holz
Schneidheimer Sechta
Fohbühl
564
NSG
Kornstein
Blasenberg
504
Ipf
03
668
Ringwall
Kalkofen
573
OBERDORF am Ipf
Nagelmühle
Steinmühle
02
Osterholz
Schanze
Galgenberg
649
Sandberg
651
664
Seelhaus
01
BOPFINGEN
468
Osterho
Schloßberg
579
FLOCHBERG
Holzmühle
Sand-bahn
583
SCHLOSSBERG
582
Heidmühle
Eger
Sport-flugplatz
Flochberger Halde
641
Ramstein
Mutterbuche
653
608
Ungnad
Birken

Glatzkopf im Nördlinger Ries

Längerer steiler Aufstieg zum Ipf. Überwiegend bezeichnete Fußgänger-, Wirtschafts- und Wanderwege, Pfade.

DISTANZ: **7 KM**
DAUER: **2:30 H**
ANSTIEG: **228 HM**
ANSPRUCH: **MITTEL**

Der Fußgängerweg vom Bahnhof in Bopfingen **01**, circa 59 km nordöstlich von Ulm, führt in die Stadtmitte und auf das Weißjura-Bergtrapez des Ipf zu. Abtragungskräfte, die Eger und die Schneidheimer Sechta sowie tektonische Störungen haben ihn vom Muttergebirge gelöst. Mit einem früheren Vulkan hat der Zeugenberg trotz seiner Ähnlichkeit nichts zu tun.

An der Evangelischen Stadtkirche vorbei lassen wir uns vom roten Dreiblock leiten. Nach dem Marktplatz passiert man das einstige Agneskloster. Man schlägt die Bachgasse ein und hält sich später Richtung Aalen. Hinter der Friedhofskirche nimmt uns der mit roter Raute bezeichnete Mühlenweg auf. Ein Fußgängerweg begleitet die junge Eger nach Oberdorf **02**. An der Schillerlinde wechseln wir in die an der Synagoge vorbeiführende Lange Straße. Nach der Kirche leitet die Ipfstraße in nordöstlicher Richtung über die Schneidheimer Sechta. An einer Verzweigung fällt die Entscheidung auf den rechten der beiden ansteigenden Wirtschaftswege. Am Beginn eines Hang-Fichtenwäldchens betritt man das den gesamten Berg umschließende Naturschutzgebiet.

Man schwenkt hier gleich auf einen Pfad ab, der in gelegentlichem Zickzack steile Steppenheidehänge überwindet, denen im oberen Bereich kleine Felsköpfe aufgesetzt sind. Etwa 1.000 Schafe sorgen als natürliche Rasenmäher dreimal im Jahr für eine gewünschte Biotoppflege. Vom Ipf **03** ergibt sich eine begeisternde Rundschau und ein vorzüglicher Tiefblick auf die Riesstadt. Ein wenig unterhalb der Plateau-Buckelwiesen umschließt ein doppelter Ringwall mit Graben den gesamten Bergkegel. Nach einem aussichtsreichen Gipfelrundgang führt ein mit rotem Dreiblock markierter Lindenallee-Wanderweg östlich talwärts. Beim Ipf-Pavillon mündet dieser in ein Wirtschaftssträßchen, das uns übers Wiesenland nach Bopfingen 01 zurückbringt.

Rock'n'Roll im Bayernwald

TONNENSCHWER UND **WACKELIG**

50 Tonnen Gestein bringt man mit bloßen Händen nicht so leicht ins Schaukeln. Ein 300 Millionen Jahre alter Stein, den die sogenannte Wollsackverwitterung zu einem runden Riesenklumpen geformt hat, bietet dieses seltene Vergnügen.

Zwischen Entschenreuth und Loh im Bayerischen Wald reckt sich ein Waldrücken empor, der seine Schätze erst dann enthüllt, wenn man ihn zu Fuß durchstreift: Ein steinernes Kirchlein und einen Wackelstein. Letzterer hat wohl vier Meter Kantenlänge; aufgrund seiner Lage auf einer fast ebenen Festplatte kann er aber von einem kräftigen Mensch zum Wackeln gebracht werden.
Entstanden ist das Baumaterial dieses Gebildes in der Karbon-Zeit aus einer glutflüssigen Gesteinsschmelze in einer Tiefe von mehreren Kilometern. Ähnliche Steine liegen wie überall im Bayerischen Wald romantisch verstreut im Wald herum, doch dieses instabil gelagerte Exemplar ist weitum einzigartig!

WO GIBT'S DENN SOWAS?

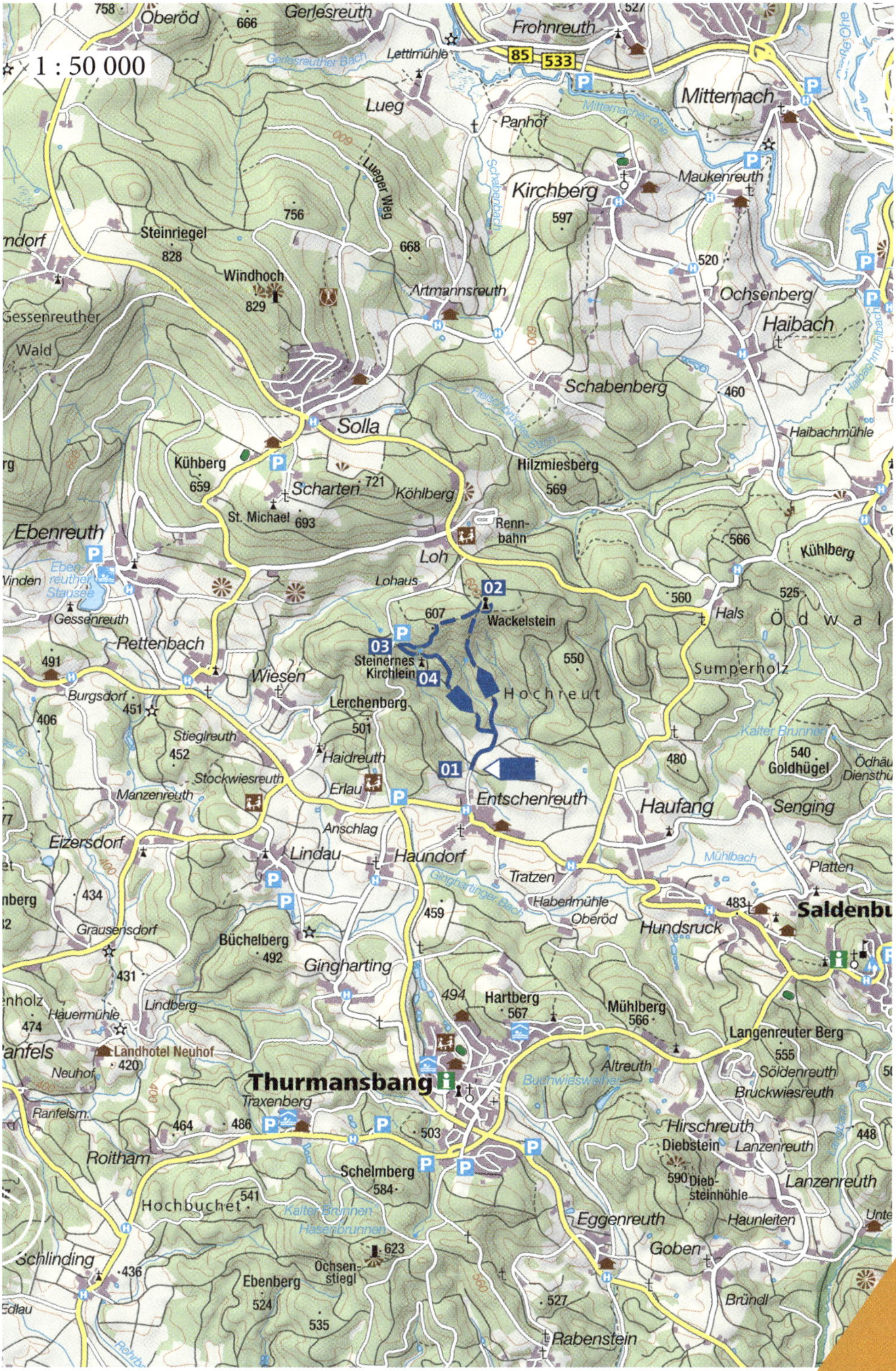
1 : 50 000
758
Oberöd
666
Gerlesreuth
Gerlesreuther Bach
Lettlmühle
527
Frohnreuth
85
533
Mittemach
Mittemacher Ohe
Lueg
Panhof
Schabenbach
Kirchberg
597
Maukenreuth
520
Ochsenberg
Haibach
Haibachmühlbach
Lueger Weg
756
Steinriegel
828
Windhoch
829
668
Artmannsreuth
Gessenreuther
Wald
Schabenberg
460
Haibachmühle
Solla
Kühberg
659
Scharten
721
Köhlberg
St. Michael
693
Hilzmiesberg
569
Rennbahn
Loh
566
Kühlberg
Ebenreuth
Ebenreuther Stausee
Lohaus
02
Wackelstein
607
560
Hals
525
Ödwal
Gessenreuth
Rettenbach
03
Steinernes Kirchlein
04
550
Hochreut
Sumperholz
491
Wiesen
Burgsdorf
451
Lerchenberg
501
406
Stieglreuth
452
Haidreuth
Kalter Brunnen
480
540
Goldhügel
01
Stockwiesreuth
Erlau
Entschenreuth
Haufang
Senging
Manzenreuth
Anschlag
Eizersdorf
Lindau
Haundorf
Mühlbach
Platten
Tratzen
Gingharting Bach
434
Habermühle
Oberöd
483
Saldenbu
459
Hundsruck
Gräusensdorf
Büchelberg
492
Gingharting
431
494
Hartberg
567
Mühlberg
566
Langenreuter Berg
555
Lindberg
474
Hauermühle
Landhotel Neuhof
Söldenreuth
Neuhof
420
Altreuth
Bruckwiesreuth
Thurmansbang
Traxenberg
Buchwiesweiher
Ranfelsm.
464
486
503
Hirschreuth
448
Diebstein
Lanzenreuth
Roitham
Schelmberg
584
590
Dieb-steinhöhle
Lanzenreuth
Hochbuchet
541
Kalter Brunnen
Hasenbrunnen
Eggenreuth
Haunleiten
623
Goben
Schlinding
436
Ochsen-stiegl
Ebenberg
524
527
Bründl
Erlau
535
Rabenstein

Wackelstein – Steinernes Kirchlein

Forst- und Waldwege(-pfade) mit teilweise wurzeligen und felsigen Passagen.

DISTANZ: **4,25 KM**
DAUER: **1:30 H**
ANSTIEG: **200 HM**
ANSPRUCH: **MITTEL**

Vom Parkplatz am Ortsende von Entschenreuth 01, circa 26 km nordwestlich von Passau, folgen wir dem Wackelsteinsteig, gehen auf Kies durch ein kurzes Waldstück, dann über freie Wiesen in einem Linksschwenk Richtung Waldrand. Wir stoßen auf eine Verzweigung, halten uns rechts („Wackelstein") und gehen am Waldrand entlang leicht abwärts. Wieder im Wald verzweigt sich der Weg, wir folgen der Nr. 84. Auf weichem Waldboden geht es zunächst ordentlich bergauf, bei einem kreuzenden Weg bleiben wir links, ebenso bei der nächsten Kreuzung. Auch bei der folgenden Verzweigung halten wir uns wieder links und folgen an einer Sitzbank vorbei der Nr. 84. Der Waldweg steigt dann zuächst wieder leicht an, wird steiler, wir schwenken bei einer Verzweigung (Markierung am Baum) rechts und folgen dem stellenweise recht steilen Pfad bergauf. Links tauchen Felsblöcke auf und nach einem letzten, nochmals steileren Anstiegsstück gelangen wir auf eine Kuppe und zu einer Wegekreuzung. Der Wackelstein ist in beide Richtung markiert.

Wir gehen rechts und sind kurz darauf bei dem imposanten Naturdenkmal Wackelstein 02. Hier ist auch eine Tafel vorhanden, die uns über dieses „Spielzeug der Natur" Informationen liefert. Neben dem Wackelstein liegen eine Menge weiterer mehr oder weniger großer Felsblöcke herum.

Wir folgen der Markierung Nr. 84 links hinab zur Verzweigung und schlängeln uns durch diese schöne Baum- und Felsenlandschaft leicht abwärts. Eine kurze steilere Passage verläuft auf einem recht wurzeligen und steinigen Weg, der uns zu einer Verzweigung führt. Hier schwenken wir, in Sichtweite eines breiten Forstfahrweges geradeaus, scharf links und passieren wenig später, in einer Rechtskehre des Weges, den unscheinbaren aber markierten Zigeunerbrunnen 03.

Bei der nächsten Verzweigung bleiben wir links, rechts tauchen wieder größere Felsen auf, zu denen wir hochsteigen. Wir durchwandern die Felsen des Naturdenkmals Steinernes Kirchlein 04 in einer Linkskurve und schlängeln uns durch die eng beieinanderstehenden, moosbewachsenen Felsblöcke. Ganz oben liegt ein altarähnlicher Stein auf einem breiten Felsen.

Weiter leicht abwärts durch den Wald gelangen wir an den Waldrand, wandern an ihm entlang mit schönem Ausblick über die freien Wiesen links und kommen zurück zum Schnittpunkt mit dem Hinweg. Wir schwenken nach rechts und schlendern auf dem Hinweg zurück zum Ausgangspunkt 01.

Der Berg der Berberaffen

ZUM **AFFENBERG** AM BODENSEE

Da laust mich doch der Affe! In einem 20 Hektar großen Wald-Freigelände über dem Nordufer des Bodensees könnte so etwas beinahe vorkommen, denn dort kann man nicht weniger als 200 possierliche Kobolde im Fellkleid besuchen.

Die Berberaffen, die den viel besuchten Affenberg bei Salem regieren, kommen ursprünglich aus Afrika; bis vor 75.000 Jahren waren sie – kaum zu glauben, aber wahr – auch am Schwäbischen Meer beheimatet. Heute stehen die munteren Tiere leider auf der Liste der gefährdeten Arten. Sie fühlen sich am Bodensee sichtlich wohl, sodass der Affenberg einen wertvollen Beitrag zur Bestandssicherung leistet.
Die tierisch fröhliche Attraktion lässt sich übrigens auch gut erwandern. Und es lohnt sich, den Anmarsch nach den ungefähr alle zwei Stunden angesetzten, von kundigen Mitarbeiter:innen moderierten Fütterungszeiten am Affenberg zu planen!
Info: www.affenberg-salem.de

WO GIBT'S DENN SOWAS?

1 : 50 000
LIPPERTSREUTE
Ried
Lampach
Steinenberg
Löwen
Finkenhausen
Rickenbach
452
Riedhof
Im Strohschneider
Schwert
Baufnang
Geissberg
Im Vögelsang
Berghof
Aach
Schwandorfer
NSG
Breitenen
Weildorf
465
restaurierte Holzkegelbahn
Stengelshaus
Im Kogenwinkel
Buchmannshaus
Stefansfeld
Salmannsweiler Hof
Schloss Salem
Gasthaus Schwanen
Café Lindenbaum
Bikers Inn
Salem
443
Schlosssee
Fischerhaus
Schapbuch
Tüfingen
496
Rose
Bildeiche
Forst
Leopoldsberg
Schlosssee-Café
Mimmenhausen
Pizzeria Al Castello
Aachstube Anna
Feuchtmayr-Mus.
Café Zartbitter
Gasthof Hirschen
Hotel Reck
Neufrach
Gasthof Apfelblüte
Gasthof Grüner
Spitznagelhof
Mendlishausen
Mendlishauser Weiher
Martinsweiher
Affenberg (Freigehege)
Billafinger-Weiher
Torpenbach
Fischweiher
Kaltbrunnhütte
Stefansfelder Kanal
In den Rubäckern
Bodensee-Gürtelbahn
Frohsinn
Buggensegel
Verkehrsübungsplatz
Olsenweiher
Killenweiher
Killenberg
-Mühlhofen
Uhldingen-
Wilhelmshof
In der Roggenbreite
In der Kürze
Hallendorf
Reiterstüble
Grasbeuren
428
Vesperstube Busch
Ober-
405
Reißmühle
Jägerhof
Gebhardsweiler
Traktormuseum Bodensee
-uhldingen
SCHIGGENDORF
Untermühle
01
02
03
04
05
06

Zum Affenberg Salem

Kleine Steigungen; ausreichend beschilderte Wirtschafts-, Forst- und Fußgängerwege, kurze Abschnitte auf Sträßchen und Pfaden.

DISTANZ: **17 KM**
DAUER: **4:30 H**
ANSTIEG: **110 HM**
ANSPRUCH: **LEICHT**

Treffpunkt für die bequeme Weiherwanderung ist der Bahnhof von Salem 01, circa 10 km nördlich von Mersburg am Bodensee. Wir gehen zuerst einmal in den Hauptort Mimmenhausen. Nach der Sparkasse weist der blaue Punkt in die Straße „Im Winkel". Vom Ortsende begleitet ein Fußweg die Landstraße nach Uhldingen. Wo der von Schilf umschlossene Billafinger Weiher endet, wählt man den Wirtschaftsweg am Gegenufer zum Martinsweiher 02 und zum Markgräfinweiher.

Am Ende des zweiten Weihers stößt man auf den Prälatenweg 03. Hier biegt man nach links Richtung Mendlishausen ab, der Affenberg ist ausgeschildert. Nach kurzem Abschnitt auf einem Sträßchen geht es geruhsam auf einem Forstweg weiter. Zuletzt kommen wir zu einem Pfad am Storchenweiher mit Damwildanlage in Mendlishausen. Hier nisten rund 60 Störche auf den Hausdächern und lassen sich durch die Besucherscharen nicht aus der Ruhe bringen.

Vom Ort ist es nicht mehr weit zum Affenberg Salem 04, Deutschlands größtem Affenfreigehege. Auf gleichem Weg geht es nach dem Besuch zurück zum Prälatenweg 03. Diesem folgen wir und kommen an einem fünften, sichelförmigen Weiher vorbei und überqueren auf einem Waldweg eine Kuppe zum Schloss Salem 05, ehedem ein Zisterzienserkloster.

Die Zahl der interessanten Sehenswürdigkeiten – Münster, Klosteranlage, Schlosspark und verschiedene Museen – ist fast schon erdrückend. Der Fußgängerweg Richtung Salem leitet neben der Landstraße zum Ortsteil Stefansfeld. Dort richten wir uns nach dem Wanderwegweiser „Altenbeuren" und achten in der Deggenhauser Straße auf den blauen Punkt.

Der flache Waldlehrpfad führt uns ins Waldgebiet Hart. Auf einem Sträßchen queren wir die Kreisstraße von Neufrach sowie die Deggenhauser Aach. Beim schmucken Anwesen Fischerhaus 06 wechselt man auf den S3, kreuzt bei einem Einzelhof auf der Bachbrücke abermals die Kreisstraße und kommt, auf einem Wirtschaftsweg auch noch die Landstraße querend, wieder nach Salem, wo die Wanderung wieder am Bahnhof Salem 01 endet.

Imponierende Imperia

ZUM **NACKTEN KAISER** UND ZUM **MINIPAPST** IN KONSTANZ

Deutschlands Burgen und Kirchen, Türme und Tore, altehrwürdige oder ultramoderne Gebäude – jede Metropole hat ihr Wahrzeichen. So auch Konstanz. Doch die größte Stadt am Bodensee besitzt ein ganz besonders schräges Maskottchen: die Imperia.

Seit 1993 steht am Konstanzer Hafen die neun Meter hohe Betonfigur einer seltsamen Dame, die auf dem Kopf eine Art Narrenkappe trägt und auf ihren ausgestreckten Armen zwei Männer, so wie Gott sie schuf. Der eine davon zeigt mit einer Papsttiara seine Funktion als unfehlbares Oberhaupt der katholischen Kirche an, der andere ist dank einer Krone leicht als Kaiser erkennbar. Diese wild umstrittene Anspielung auf das Konzil von Konstanz (1414–1418), die sich noch dazu alle vier Minuten um die eigene Achse dreht, stellt eine Kurtisane aus dem Roman „La belle Impéria" von Honoré de Balzac dar – die Geliebte hoher kirchlicher und weltlicher Würdenträger während der damaligen Beratungen. Was für ein spezielles Wanderziel!
Info: www.bodensee.de/ausflugsziele/imperia-konstanz

WO GIBT'S DENN SOWAS?

1 : 50 000
LITZELSTETTEN
Mühlweiher
Mainau
Schmetterlingshaus
Schwedenschänke
Naturerlebniswelt
Comturey-Keller
Barockschloss
NSG
Schwedenkreuz
Mainau-Kinderland
Deponie
Katharina (ehem. Kloster)
Erlebniswald
Mainauwald
Riesenberg
WOLLMATINGEN
Taborberg
Schwaketenbad
FÜRSTENBERG
Universität
EGG
ALLMANNSDORF
STAAD
Bismarckturm
PETERSHAUSEN
Wasserturm
Wanderheim
Rhein
PARADIES
Zollhaus
Tägermoos
Kreuzlingen-Nord
Münster
KONSTANZ
Rosgartenmus.
Hus-museum
Bodensee-Naturmus.
SeaLife
Loretto-wald
Waldhaus Jakob
Bodenseestadion
Seeheim
Bodensee-Therme Konstanz
Konstanzer Trichter
Uferpark Seeburgpark
Bodenseearena
KREUZLINGEN
Seeburg
Seemuseum
Fischerhuus
Schlössli
Hochstrooss
EMMISHOFEN
Brunegg
Girsbärg
Schloss Granegg
Ebersbärg
Sternwarte
Bernrain
Wiserle
Geissbärg
Mösli
Kurzrickenbach
Bären
Staag
Bottighofen
Scheidwäg
Mälgente
Chlii Rigi
Neuweiher
Pfaffenweiher
Großweiher
Bätershausen
Amsle
01
02
03
04
05
06
07
33
13

Zum Konstanzer Trichter

Gut bezeichnete, steigungsfreie Promenaden- und Forstwege sowie Pfade.

DISTANZ: **14 KM**
DAUER: **3:30 H**

ANSTIEG: **25 HM**
ANSPRUCH: **LEICHT**

Vom Fähranleger im Bodenseedorf Staad **01**, das im Norden von Konstanz liegt (Busverbindung von dort), folgen wir kurz der ansteigenden Bundesstraße, bis das Bodensee-Rundwandersymbol in die Straße „Felchengang“ weist.

Nach einem Doppelhaken zum Ortsende führt der Wanderweg durch die ufernahen Parkanlagen mit ihren prächtigen Badebuchten, unterwegs genießt man schöne Ausblicke über die Breitstelle des Überlinger Sees.
Am Wasserwerk Konstanz vorbei und durch ein kleines Waldstück schlendernd erreicht man an der Landnase das geräumige Freibad Horn **02** mit separatem Naturistenstrand.

Die stets recht aussichtsreiche Seepromenade führt uns anschließend zum Konstanzer Stadtteil Petershausen und vorbei an der Bodensee-Therme Konstanz. Nach Umrundung der Halbinsel Eichhorn stößt man in einem Wäldchen auf einen renaturierten Uferstreifen und kommt an der Wohnanlage **03** vorbei, bei der man auf dem Rückweg in den Lorettowald abbiegt.

Ab dem Yachthafen **04** folgt man der prächtigen Seestraße und überschreitet wenig später in der Bucht des Obersees die Brücke über den Seerhein **05**.

Im Stadtkern von Konstanz passieren wir dann das ehemalige Dominikanerkloster, heute das Steigenberger Inselhotel, und kommen zum Stadtgarten. Gleich darauf ist am Hafen mit der stolzen Imperia und dem Konzilgebäude **06** unser Ausflugsziel erreicht. Falls nicht noch eine sehr zu empfehlende Stadtbesichtigung ansteht, gehen wir zunächst auf gleichem Weg zurück nach Petershausen. Nach der Tennisanlage und vor der Wohnanlage 03 folgen wir dem See-Rundwanderweg, queren bei der Bushaltestelle „Rosenau" die Eichhornstraße und gelangen geradeaus zu einem Forstweg durch den alten Lorettowald 07, der im weiteren Verlauf zum Waldlehrpfad wird.

Nach dem Freibad Horn 02 gehen wir wieder auf der bekannten Route zurück nach Staad 01.

Training für die Lachmuskeln

DER **WITZ-WANDERWEG** IM ALLGÄU

„Von den 583.295 Ameisen dieses Haufens fehlen seit gestern 2 Tiere, da sie sich bei einer Wanderung auf dem lustigen Wanderweg krankgelacht haben.“ Steht auf einer der vielen Humortafeln oberhalb von Kranzegg.

Beim Gehen trainiert man bekanntlich nur ganz bestimmte Muskelpartien. Um ganz andere Muckis, die im arbeitsreichen Alltagsleben eher von Kümmernis bedroht sind, geht es hier am Fuße des Grünten, der weithin sichtbaren Bergbegrüßung für alle, die von Norden ins Allgäu kommen – um die Lachmuskeln.
Selbst ohne die vielen Bild- und Texttafeln (die alle paar Jahre ausgewechselt werden) wäre der lustigste Wanderweg des Oberallgäus recht lohnend, denn er führt durch eine romantische, grüne Voralpenlandschaft. Natürlich wird diese Route auch die nächste oder übernächste Generation erfreuen, nicht zuletzt mit einer Modelleisenbahnanlage, mit Stegen und spritzigen Wasserfällen und mit jenen Tafeln, auf denen nicht ganz Jugendfreies zu lesen ist.
Info: www.alpsee-gruenten.de/rettenberg

WO GIBT'S DENN SOWAS?

1 : 50 000
Iller
Wolfis
Rottach
Alte Salzstraße
Rottachmühle
Ruine Vorderburg
1028
Großdorf
894
Schloss Brackenberg
Brackenberg
1074
Linggealpe
Vorderburg
Acker
St.Blasius
Buch
Rottach
Löwen
St.Antonius Abbas
Rottach-
Rottachalpe
berg
Tier- u. Pflanzen-park
Pestkapelle
Keller
Buchenbergalpe
Kranzegger Bach
Emmereiser
Moos
Tannenalpe
St.Nikolaus
Emmereis
Burgstall
1117
855
Engelpolz
St.Magnus
Buchenberg
Sojersberg
Humbacher Berg
Hinterberg
1135
Auf dem Falken
Bommen
1115 (Falkenstein)
Sterklis
Heiligste Dreifaltigkeit
Moosmühle
Reichen
Mooshütte
Kranzegg
862
Vorderberg
01
Adelharz
Breitenstein
Kalchenbach
04
Alpe Stockach
Berghof Riesen
Göhlalpe
Gehringsalpe
Gehringsberg
Hiemersberg
Metzeberg-alpe
beleuchtete Rodelbahn
Martinshütte
Burger Wald
Rettenberg
806
Zeller Hütte
02
Neumayrhütte
(Wi.)
Breitensteiner Berg
Burgerschlägalpe (Vorderburgalpe)
Brauerei Zötler
Schwarzalpe
Höfle Alp
Familienbad
Zellerhütte
Kölber Höfle
1318
03
1200
Jörgalpe
Mosbacher Alpe
Vordere Köllealpe
Waldspielplatz
(Willersalpe)
Bergwachthütte
Maulalpe
Kleine Mosbacher Alpe
1123
Sattelgschwand
1176
Abenteuer Galetschbach
Bichel
Gsol
Kammereggalpe
1130
Hintere Köllealpe (Sattelhütte)
Obere Kammereggalpe
Herzlesstein
Grüntenhütte
Gigglsteinhütte
1477
1497
Gigglstein
Privatbahn Bayer. Rundfunk
972
Alpe Kalkhöf
1210
Roßberg
1146
Grünten
1738
Übelhorn
Jägerdenkmal
Jhtt.
Siechenkopf
Grüntenhaus
1372
Hühnermoos
Dreiangelhütte
989
1572
1535
Zweifelgehren-A.
Roßbergalpe
1314
Schnecken-schwand
Dreiangel-Diensthütte
Untere Schwand-alpe
1496
Stuhlwand
Burgberger Hörnle
Obere Schwandalpe
Theresien-Erzgrube
Stollenführungen
Weinberg
1432
Kehralpe
Königsstraße
Brunnen-anger
Erzgruben-Erlebniswelt
Wolfsbichel
Sankholz
Steinebichlkapelle
Alpen-blick
1058
Rothmoos
St.Ulrich
Weiheralpe
Tiefenbacher Wald
Burgberg
im Allgäu
Topfenalpe
Ofen-wald
Auf dem Ried
901
Berghofer Waldalpe (Ofenalpe)
Bläßleskopf
752
997
Ruine Burgberg
Reithalle
Brotzeithütte
1320

Lachsalven auf dem Witz-Wanderweg

Kurzer, mäßig steiler Aufstieg. Gut bezeichnete Steige und Pfade, kurz Feldweg und Pfadspuren, zuletzt Alpweg.

DISTANZ: **5,25 KM**
DAUER: **1:45 H**
ANSTIEG: **278 HM**
ANSPRUCH: **LEICHT**

Wir benützen in Kranzegg **01**, das etwa 10 km nordöstlich von Immenstadt im Oberallgäu liegt, vom westlichen Dorfrand aus den Gehsteig zum Ferienhaus Alte Sennerei. Dort nehmen wir dann den Fußgängerweg an einem Bach bergauf und lassen uns vom Täfelchen „Oberallgäus lustiger Wanderweg" den Kurs zeigen. Die unterhaltsame Runde folgt in der ersten Kurve dem mit „Haus Kranzegg" beschilderten, mäßig steilen Tobelweg, einem spannenden Waldsteig.

An der nächsten Gabelung quert der Witz-Wanderweg den Wildbach und passiert einen kleinen Wasserfall. Auf einem Forstweg kreuzen wir einen Quellarm dieses Bachlaufs und gelangen auf einem Pfad unter dem Hochbehälter vorbei zum KUKU-Berghotel **02**.

Bei der anschließenden Privathütte weist das Schild „Alpe Kammeregg" auf eine kurze Weidespur, die unter zwei Skiliften hindurch zur Schwarzalp leitet. Dort kreuzt die Witzroute ein Alpsträßchen.

An der darauffolgenden Ruhebank genießt man einen hübschen Ausblick vom Hauchenberg über den langen Rottachberg – dahinter grüßt der Blenderturm – zum Rottachsee. Ein kaum mehr steigender Feldweg hält nun auf den Grünten zu und bringt uns zur alten Geißalp **03**, dem höchsten Punkt der Tour.

Nun zeigen sich auch Mittag, Steineberg und Immenstädter Horn. Ein kleines Stück weiter verläuft ein Pfad über Weidehänge bergab Richtung Kranzegg. Bald kommen wir zu einem geteerten Alpweg, der talwärts nochmals unter den beiden Skiliften hindurch führt. Zuletzt geht's an der hölzernen Asante-Christus-Kapelle und dem Berghof Riesen 04 vorbei nach Kranzegg 01 .

Wandern am Wasser

DER **NASSESTE ORT** DEUTSCHLANDS?

Trockenheit? Kein Thema in den Allgäuer Alpen: Sie bringen aus Nordwesten anrückende Wolken oft zum Wasserlassen. Also: Regenschutz einpacken! Doch die hier vorgestellte Wanderung hat ihren Reiz auch dann, wenn's mal tröpfelt.

Ihr Ziel: ein winziges Bergdorf zwischen den wildesten Allgäuer Berggipfeln, das im Jahre 1361 die Bühne der Geschichte betreten hat, und zwar dank der Erwähnung in einer Urkunde. Es waren Menschen aus dem Kleinen Walsertal und vielleicht auch aus Tirol, die das Hochtal des Dietersbachs zwischen dem wilden Hölltobel und den Steilgrasflanken der Höfats (siehe Tour 39) damals besiedelt haben, am Ende der Welt vielleicht, aber immerhin auf einem klimatisch günstigen Südhang. Dass man dort zeitweise ein wenig Gerste anbauen konnte, spiegelt sich vielleicht im Namen dieses Vorpostens menschlicher Existenz wider: Gerstruben. Das zauberhafte Minidorf im hintersten Allgäuer Winkel besteht bis heute – und das dortige Gasthaus ist allein schon für sich ein lohnendes Ziel. Info: www.gerstruben.de

---

HÖHER, GRÖSSER, WEITER ...

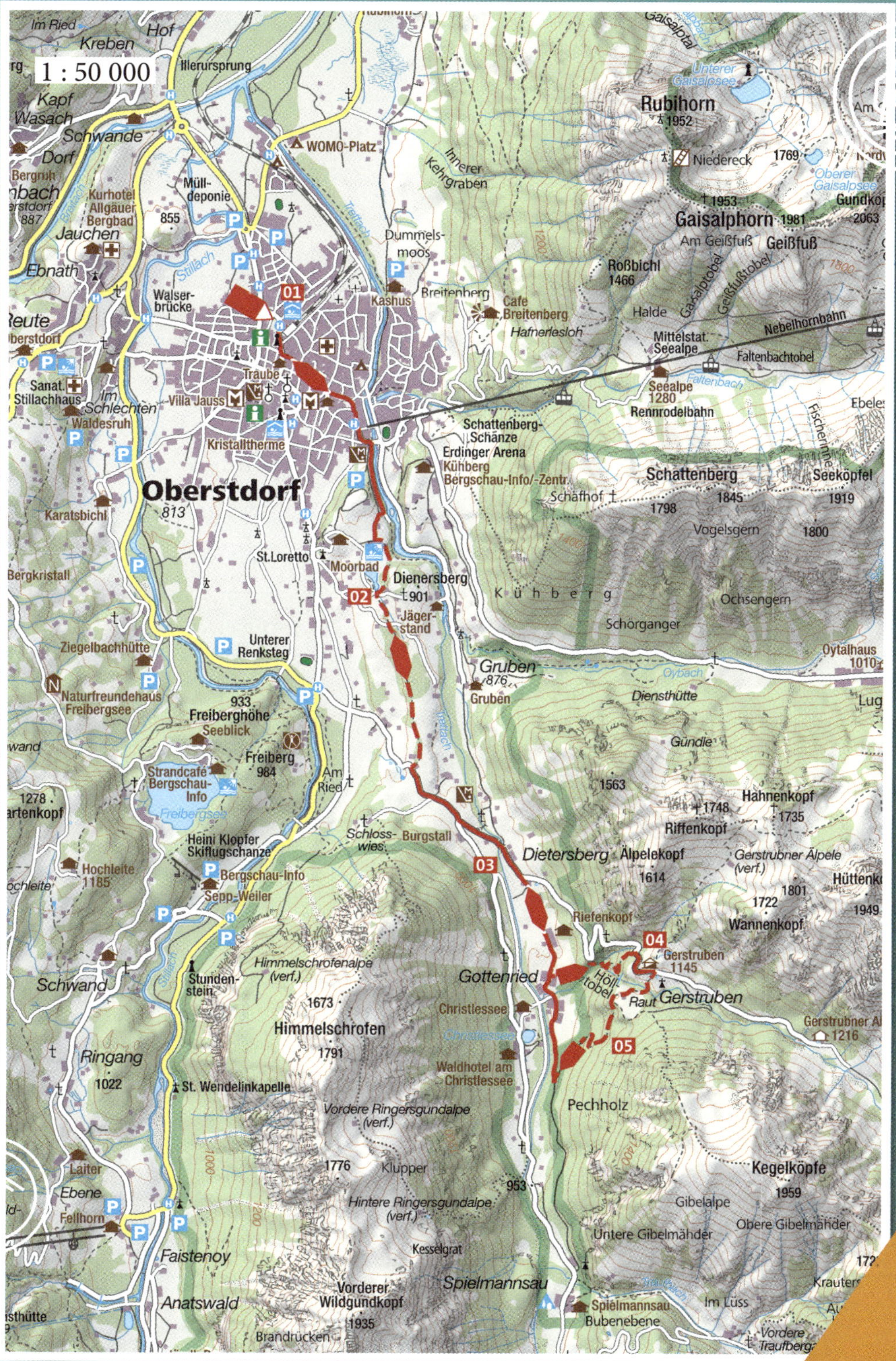
1 : 50 000
Oberstdorf
Rubihorn
Gaisalphorn
Schattenberg
Nebelhornbahn
Kühberg
Gruben
Dietersberg
Gottenried
Gerstruben
Himmelschrofen
Christlessee
Pechholz
Kegelköpfe
Spielmannsau
Freibergsee
Moorbad
Dienersberg
Jägerstand
Riefenkopf
Hölltobel
01
02
03
04
05

Nach Gerstruben, 1.145 m

Der steile Hölltobelaufstieg verlangt Trittsicherheit, ansonsten sind wir auf gut bezeichneten Wander- und Wirtschaftswegen, Steigen und kurzen Anliegersträßchen unterwegs.

DISTANZ: **15 KM**
DAUER: **4:15 H**
ANSTIEG: **332 HM**
ANSPRUCH: **MITTEL**

Wir treffen uns zu diesem romantischen Allwetter-Ausflug beim Bahnhof in Oberstdorf **01**, dem zentralen Ort des Oberallgäus, spazieren hinein ins Dorf und folgen bei der Raiffeisenbank der Nebelhornstraße zur Nebelhornbahn. An der Mühlenbrücke beginnt ein Wanderweg, der über der Trettach, anfangs teilweise auf Holzstegen, an einem abdrängenden Mischwaldhang leicht zum Moorbad ansteigt. Ein Wäldchen säumt nun den Moorlehrpfad Richtung Christlessee zum idyllischen Moorweiher **02**.

Die komfortable Route mündet später in ein Anliegersträßchen. An der Gabelung nach dem Golfplatz zweigt man auf einen Wirtschaftsweg ab und gelangt über die Zwingbrücke nach Dietersberg **03** in der Talsenke der Trettach. Dort lenkt am Ortsende das Täfelchen „Gasthof Gerstruben“ auf einen in Kehren angelegten, steilen und teilweise feuchten Klammsteig.

Der Trittsicherheit erfordernde Hölltobel begeistert mit schäumenden Wasserfällen und einer äußerst artenreichen Mischwaldflora. Ein paarmal legt sich ein Seitenbach quer. Auf einem Anliegersträßchen trifft man im kleinen Museumsdorf Gerstruben **04** im Dietersbachtal ein.

Nach einer willkommenen Einkehr im Wirtshaus der einstmals größeren Alpsiedlung mit Blick zur rassigen Höfats wählen wir dann den Steig über eine Bergwiese ins Tal hinunter zum Dietersbach, wo uns ein Steg hinüber zum alten Stadel des früheren Anwesens Raut **05** am Fuße der Kegelköpfe führt. Ein Waldabstieg leitet nun in einer Serpentine weiter hinunter nach Gottenried. Und nach der Dietersbachbrücke schließt sich in Dietersberg 03 die eindrucksvolle Talrunde. Der bekannte Weg bringt uns zurück nach Oberstdorf 01.

Down Allgäu

IN DIE **TIEFSTE SCHLUCHT** MITTELEUROPAS

Üblicherweise erzählen uns Pfarrer vom Paradies im Jenseits. So mancher hochwürdige Herr beschäftigte sich aber auch schon mit dem Himmelreich auf Erden, so wie etwa Johannes Schiebel.

Der 1871 Geborene kam als junger Seelsorger nach Tiefenbach, wo zwar nicht Milch und Honig, aber dafür die wilden Wasser der Breitach fließen. Die hatten nach dem Ende der letzten Eiszeit die tiefste Schlucht Mitteleuropas aus dem Schrattenkalk gefräst – einen wahren Höllenschlund, in dem der Pfarrer und auch die immer zahlreicher kommenden Touristen jedoch ein himmlisches Naturwunder erkannten. Mit seinen Freunden vom Obertiefenbacher Verschönerungverein ging er daran, die Breitachklamm mit Steigen und Brücken zu erschließen; 1905 war das Werk vollendet. Bis heute ist die Klamm eine der beliebtesten Attrakionen des Allgäus, nicht zuletzt auch deshalb, weil sie dank der genialen Wegführung meist auch im eiszapfenverhangenen Winter durchwandert werden kann. Info: www.breitachklamm.com

HÖHER, GRÖSSER, WEITER …

1 : 50 000
1627
Beslerkopf
1679
Besler
Obere Gundalpe
Lochbachalpe
Mittlere Gundalpe
Kelleralpe
Schwabenalpe
Schatthalde
Auf der Nase
Greith
Wasach
Jehlefelsen
Friedens-linde
Tiefenbach
Räppele
Freyburger Alpe
Untere Gundalpe
Falkenbergalpe
Falkenbergalpe 1313
Loch-wiesen
Toniskopfalpe
Toniskopf 1460
Rote Wand 1474
Geißberg 1372
Winkel
Bachtel
Weidach
Wild-ruhegebiet im Winter
1359
Sonnenwald
Weg vom 1. Nov. bis 15. Mai gesperrt
Rautalpe
In der Fluche
Ferlewang
Reine
Oib
Rohrmoos 1070
1051
Hüttenbühl
Mautstelle
Büchele
Starzlach (Rohrmooser Starzlach)
Breitach
Kornauer Stuben
Kornau 914
Schattwaldalpe
(privat)
Scheidthalalpe 1139
Hoch-statt
01
Kajak-Einstieg
Breitachklamm (Bergschau-Zentr.)
Sesselalpe 1050
Allgäu-Coaster Seeweg
Schattwald
Moosalpe
Buchwald
Mittwänden Sessel
Dornachalpe
Heimspitze
Kackenköpfe 1560
Alpe unter dem Horn
Wild-ruhegebiet im Winter
977
19
NSG
Ochsen-moos
Moosalpe
1282
Söllereckbahn
Hörnle
Alpe Osterberg 1268
1292
Engenkopf
02
Zwingsteg Kasse 2
Bachteletobel
Unteres Hörnle
Breitachklamm
Hoch-wald
Alpe Hinter der Enge
910
Ewige Platte
Außerwaldalpe
In der Ewigkeit
Hinterenge
Klammstüble 991
Musberg 875
Müllers Alpe
Ochsenhöfle 1288
Huberles Schwand
Alpengasthof Hörnlepass 1159
Breitach
1
Schönblick 1345
Sattelkopf 1422
Ahberg 1523
Klausenwald
Fuchs-loch-alpe
201
Schwende
1117
1141
Gatter
Alpe Schrattenwang
1402
Wald
1445 Berghaus am Söller
Straußberg
Waldhaus-brücke 1039
Brandalpe
Au
Kleiner Zwing
03
Walser Älpele
Söllereck 1706
Amansalpe 1344
1152
Hochleite
Außerschwende
Schwand
Schwende
Sonnenburg
Fatimakapelle
Mittelalp 1350
Söllerlalpe 1522
1067
Unter-
Maria Hilf
(Alpsennerei)
Mahdtalhaus 1100
Schwarzwasserbach
-Westegg
Kessel-schwand
Innerwesteggalpe
1925
Eberlehof
Ober-
Söllerkopf 1940
NSG
Egg
Riezlern 1086
Bergstüble 1240
04
Schlappoldkopf 1968
Walsermuseum
Alpe Schlappold
1358
Au
Riezler Alpe 1526
Schlappoldsee
NSG
Schlappold-höfle
Ober-seite
Wind-egge
Zwerwald
Gehrentobel
Fellhorn 2038
1780 Station Fellhorn
Fellhornbahn I
Fellhornbahn II
Fellhorn-Gipfelstation (Bergschau-Info) 1967
Fellh.-Gipfelb.
s'Urbar Schwendhütte 1548
Gehrenspitze 1857
Letze
1403
Bergwachthütte
Winterbetrieb
Kanzelwandhaus (Naturfreundehaus)
Obere Bierenwang-alpe 1737
Winterbetrieb
Köpfle 1470
Kanzelwandbahn
Möseralpe
Hirschegg
(nur Wi)
Zwerenalpe
Riezler Alpsee
Jagdhaus Höflealpe 1336
Säß 1296
Gundsattel
Untergern
Obergern
Warmatsgundalpe
Schwaben

Durch die Breitachklamm

Der gut gesicherte Klammweg ist zu jeder Jahreszeit begehbar und führt sanft bergan. Markierter Wanderweg vom Ende der Schlucht an der Breitach entlang nach Riezlern. Für die Klamm sind stabile Schuhe und wetterfeste Kleidung erforderlich.

DISTANZ: **7,5 KM**
DAUER: **2:45 H**
ANSTIEG: **236 HM**
ANSPRUCH: **LEICHT**

Wir starten unser nasses Abenteuer beim Gasthof Breitachklamm am unteren Ende der Schlucht (Kasse 1, Bushaltestelle und Parkplätze, 850 m) **01**, circa 6,5 km westlich von Oberstdorf im Oberallgäu. Dort können sich Besucher vorab am Info-System BERGSCHAU kundig machen.

So erfahren wir etwa, dass dieses Naturdenkmal ersten Ranges vor 10.000 Jahren durch das Verschwinden des Breitachgletschers entstand; das Schmelzwasser zersägte den Schrattenkalk eines gewaltigen Felsstockes schon unter den zurückweichenden Eismassen. Die 1.780 m lange und 90 m tiefe Klamm imponiert mit felsigen Riesenwänden und von der Kraft des Wassers geschliffenen Mulden und variantenreichen Gebilden. Auf dem unter überhängenden Felsen befestigten Steg erlebt man das gischtende Nass mal in unmittelbarer Nähe, mal in unergründlicher Tiefe. An der Kasse 2 **02** am anderen Ende der Schlucht sollte man den Fünf-Minuten-Abstecher (Wegtafel Richtung Dornachalpe) zum Zwingsteg nicht verpassen. Vom Steg in luftiger Höhe ist der Blick in die Schlucht besonders spektakulär – die Wanderer auf der Klammbrücke tief unter uns wirken wie Spielzeugfiguren.

Zurück vom Abstecher gehen wir ab Kasse 2 weiter Richtung Walserschanze und Waldhaus, bis sich die beiden Wege trennen. Hier wandern wir scharf nach links auf einer Stahlbrücke über die Klamm Richtung Waldhaus. Der kühn angelegte Stahlsteg mündet bald in einen Waldweg. Sie können sich ganz entspannt der weiß-rot-weißen Markierung und den Wegtafeln Richtung Riezlern anvertrauen. Auf dem sogenannten Breitachweg rauscht uns linker Hand das klare Bergwasser entgegen. Etwa eine halbe Stunde nach der Einkehr Waldhaus 03 erkennen wir hoch über uns die überdimensional wirkende Autobrücke und überqueren kurz danach die Breitach auf der alten Schwendebrücke. Dort mündet der Schwarzwasserbach in die Breitach. Ein kurzer ruppiger Anstieg führt schließlich vom Flussbett auf die Höhe von Riezlern 04 hinauf. Der Ort wird über den Fellhornweg und die Leo-Müller-Straße erreicht.

39 Oberallgäu

Rutschberg-Runde

UM DEN **STEILSTEN GRASGIPFEL** DER ALPEN – DIE HÖFATS

Als „Steilgraskathedrale“ hat man sie besungen und ihre „Grasfluchten, so steil wie das Dach eines gotischen Doms“: Die 2.259 Meter hohe Höfats ist einzigartig. Berge mit so abschüssigen Wiesenfluchten gibt’s kaum wo.

Schuld an diesen „Vertikalwiesen“ sind die rund 150 Millionen Jahre alten Aptychenkalke aus der späten Jura- und der frühen Kreidezeit, die steile Felswände, Gipfelgrate und scharfe Felszacken wie die Höfatsnadel bilden (Aptychen sind übrigens die versteinerten Unterkiefer von Ammonoideen, die man einst für fossile Muschelgehäuse hielt). Sie lagern auf einem Fundament aus „Fleckenmergel“ der Allgäuschichten, denen nicht nur saftige Alpwiesen, sondern auch zerfurchte Flanken und brüchige Kämme zu verdanken sind.
Rauf kommt man also nicht ohne Lebensgefahr. Zu Fuß umrunden lässt sich die Höfats aber trefflich: Im Zuge einer landschaftlich eindrucksvollen Wanderung über den Älpelesattel kommt man den bekanntesten aller Allgäuer „Grasberge“ recht nahe.

HÖHER, GRÖSSER, WEITER …

1 : 65 000
Oberstdorf
Rubi
Jägersberg
Illerursprung
WOMO-Platz
Mülldeponie
Walserbrücke
Kashus
Breitenberg
Cafe Breitenberg
Traube
Villa Jauss
Kristalltherme
Schattenberg-Schanze
Erdinger Arena
Kühberg
Bergschau-Info/-Zentr.
St.Loretto
Moorbad
Dienersberg
Jägerstand
Unterer Renksteg
Gruben
Freiberghöhe
Seeblick
Freiberg
Strandcafe
Bergschau-Info
Heini Klopfer Skiflugschanze
Sepp-Weiler
Schlosswies
Burgstall
Dietersberg
Riefenkopf
Gottenried
Himmelschrofenalpe
Himmelschrofen
Christlessee
Waldhotel am Christlessee
St. Wendelinkapelle
Vordere Ringersgundalpe
Hintere Ringersgundalpe
Faistenoy
Anatswald
Vorderer Wildgundkopf
Hinterer Wildgundkopf
Leitersberg
Birgsau
Birgsauer Hof
Eschbachalpe
Schmalhorn
Untere Mädelealpe
Vordere Einödsbergalpe
Einödsberg
Spätengundkopf
Rubihorn
Niedereck
Gaisalphorn
Geißfuß
Roßbichl
Mittelstal. Seealpe
Seealpe
Rennrodelbahn
Nebelhornbahn
Faltenbachtobel
Nebelhorn
Nordwandsteig
Gipfelhütte
Gundkopf
Bergstation Höfatsblick
Edmund-Probst-Haus
Zeiger
Hüttenkopf
Schattenberg
Seekopfel
Vogelsgern
Schörganger
Ochsengern
Kühberg
Oytalhaus
Im Stall
Lugenalpenwald
Dienstfhütte
Gundle
Hahnenkopf
Riffenkopf
Alpelekopf
Gerstrubner Alpele
Hüttenkopf
Wannenkopf
Gerstruben
Gerstrubner Alpe
Pechholz
Kegelköpfe
Gibelalpe
Untere Gibelmähder
Obere Gibelmähder
Spielmannsau
Bubenebene
Oberau-Alpe
Traufberg
Krautersalpe
Vordere Traufbergalpe
Hintere Traufbergalpe
Bettlerrücken
Krummenstein
Fürschießer
Warmatsrücken
Schafberg
Krottenspitzen
Öfnerspitze
Hintere Eschenalpe
Im Wank
Östlicher Wengenkopf
Westlicher Wengenkopf
Wengenalpe
Großer Seekopf
Kleiner Seekopf
Hintere Seealpe
Fischerhütte
Seealpsee
Seewald
Kuhblatt
Schochen
Lachenkopf
Oberhof
Laufbachstiege
Untere Gutenalpe
Kitzberg
Prinzenkreuz
Untere Gutenalpe
Rauhenhalsalpe
Höfatsmannl
Seilhenker
Oberloch
Kleine Höfats
Höfats
Rotes Loch
Gutenalpe
Käseralpe
Jochgern
Alpelesattel
Dietersbachalpe
Seichereck
Kreuzgern
Rauheck
Kreuzeck
Königsebene
01
02
03
04
05
06
07
08
09

Über den Älpelesattel

Es erwarten uns gut bezeichnete Alp- und Wirtschaftswege, markierte Pfade und ein langer, steiler Aufstieg; Ausdauer ist erforderlich.

DISTANZ: **24,25 KM**
DAUER: **7:15 H**
ANSTIEG: **967 HM**
ANSPRUCH: **MITTEL**

Die stramme Dreitälerrunde um die Höfats startet beim Bahnhof in Oberstdorf **01** im Oberallgäu. Wir spazieren hinein ins Dorf und folgen bei der Raiffeisenbank der Nebelhornstraße zur Nebelhornbahn.

Nach der Mühlenbrücke weist das Schild „Gasthof Spielmannsau" auf einen Wirtschaftsweg, der von der waldgesäumten Trettach begleitet wird. Wir wandern über die Oybachbrücke, beim Café Gruben **02** vorbei und durch eine hübsche Ahornallee auf die Trettachspitze zu.

An einer Abzweigung bleiben wir noch der Spielmannsauer Route treu und steigen in Dietersberg das Alpsträßchen hinauf zu den unter Denkmalschutz stehenden, ehrwürdigen Gebäuden von Gerstruben **03**.

Über der Kapelle sieht man erstmals den Edelweißberg Höfats, die Königin der Allgäuer Grasberge. Auf einem schmalen Alpweg nimmt uns nun das berauschende Dietersbachtal auf, auch Gerstrubental genannt. Ab der Gerstrubner Alpe halten wir direkt auf das stattliche Steilgras-Duo Rauheck und Kreuzeck zu und kommen zur Dietersbachalpe **04**, über uns ein tosender Wasserfall. Die nun mitunter durch Strauchwerk führenden Steigkehren zum Älpelesattel **05** erweisen sich als echte Wadenschinderei.

Der Abstieg führt uns, ein paar Bachgräben querend, ebenfalls gelegentlich über Strauchhänge zu den Weidehängen der Oberen Gutenalp. Von der Käseralpe **06** zu Füßen des Großen und Kleinen Wilden leitet ein Alpweg durch einen

Hochkessel auf den kühnen Rädlergrat des Himmelhorns zu. Nach wenigen Kehren gelangen wir unter dem brausenden Stuibenfall 07 rasch ins Oytal, wo uns eine Brücke über den Stuibenbach trägt.

Man quert das Schotterbett des Laufbachs und passiert danach die Untere Gutenalpe 08. Über flache Alpweiden strebt man, das Ufer des Oybachs wechselnd, dem Oytalhaus 09 zu. Ab dort führt ein breites Alpsträßchen, zum Schluss oberhalb des Trettachtals, zurück nach Oberstdorf 01.

40 Ostallgäu

Audienz beim Märchenkönig

ES WAR EINMAL … SCHLOSS NEUSCHWANSTEIN

Ab 1869 ließ König Ludwig II. Schloss Neuschwanstein „im echten Styl der alten deutschen Ritterburgen“ erbauen. Warum genau an diesem Ort, das zeigt ein Lokalaugenschein hinter diesem wohl schrägsten aller Besuchermagneten.

„Der Punkt ist einer der schönsten, die zu finden sind.“ Schon Ludwigs Vater, Maximilian II., hatte die wildromantische Berglandschaft der Ammergauer Alpen ins Herz geschlossen und dort Jagdhäuser anlegen lassen. Eines davon steht heute noch in der Bleckenau im Tal der Pöllat, die am Fuße des weltberühmten Märchenschlosses einen Wasserfall bildet.
Wer sich die eineinhalb „Straßenhatscherstunden“ bis zu diesem auch kulinarisch sehr empfehlenswerten Wanderziel (Stichwort: Hirschgulasch) ersparen möchte, nutze den sommerlichen Pendelbus dorthin oder trete in die (E-)Bikepedale. Dann bleibt auch genug Muße für die hier vorgestellte kaum bekannte Bergwanderung völlig abseits des Rummels.
Info: www.neuschwanstein.de, www.berggasthaus-bleckenau.de

SAGENHAFT!

1 : 50 000
Buchenbichel
St.Coloman
Kurpark
Bildungs-zentrum
Outward-Bound
In der Höll
Schloss Brauhaus Schwangau
Romantische Str.
Remsgraben
Pechkopf
1429
Vorderes Mühlberger Alpele
1650
Hornburg
1172
Bergsportzentrum
Drehhütte
1210
Rohrkopf
1361
Schloss Bullachberg
Römische Ausgrabungen
Rohrkopfhütte
1359
Ilgmosle
Reith-Alpe
Tegelbergbahn
Roßscharte
Spitzigschröfle
1657
Hinteres Mühlberger
Alterschrofen
Gelber Wandschrofen
1562
Kesselgraben
Hohenschwangau
Grüble
Dreimännlgraben
Dreimännl
1551
1525
Torkopf
1879
Branderschrofen
Pöllatschlucht
Tegelbergkopf
1567
Tegelberghaus
1707
Branderfleckgraben
Branderfleck
Schl. Hohenschwangau
Schloss Neuschwanstein
Jugendstraße
01
02
03
Marienbrücke (Kulturdenkmal)
Tegelberg
Roßgem
Ahornspitze
1784
Alpsee-Pindarplatz
Museum der Bayerischen Könige
Gassenthomaskopf
1365
Ahornsattel
Ahorn-Diensthütte
1767
Straußbergalpe
Straußbergköpfl
Benaköpfl
1593
Nieder-straußberg-sattel
1933
Winterzug
1591
Älpeleskopf
Wildsulzhütte
Pöllatbach
Hoher Straußberg
04
Fritz-Putz-Hütte
Bleckenau
Berggaststätte Bleckenau 1167 (Königshaus)
1759
Pilgerschrofen
NSG
Säuling
2047
Säulinghaus
1720
Vorgesäßgraben
05
Birgwald
Sulzhütte
Brunstgrat
Vorgesäß-Alm
Schlagstein
10
1680
Altenberghütte
Ochsenälpe
12
Opelhaus
1683
Zunderkopf
1726
Pflacher Älpele
Klemmtalalpe
Rotmoos
09
Bächwald
11
06
07
Sepp-Sollner-Hütte
08
Bächhütte
Koflerjoch (Jochberg)
1861
Kofelalpe-Alpenvereinshütte
Giltal
Teil
Hafegg
938
Dürrenberg
1797
1769
Altenberg
1751
Keil
1446
Bächgraben
Holzschlag
Kalbelegr
1322
Oberer-1713
Sattelkopf
Unterer-Sattelkopf
1703
1667
Saueregg
Pöllattal
Falzkopf
Falzkopfalpe
Gipfelstürmerhütte (Sattelkopfhütte)
Verbrennte
Mösle
Dürrenbergalpe
1438
Sauerregg
Pöllategg
Neuwald
Lustige Berglerhütte
Melkalpe
Hochries
Pestfriedhof
Archbachsiedlung
Kuhklause
1057
Neuwaldalpe
Zwieselbach
Kircheletal
Urisee
Sonnenbichl
Widdereggalpe
Mühl
Hirschengärtle
1099
Hängebrücke
1160

Zwischen Säuling und Ochsenälpeleskopf

Lange, aber einfache Bergwanderung. Technische Schwierigkeiten sind kaum zu erwarten, aber wegen der Länge der Tour braucht man Ausdauer.

DISTANZ: **17,8 KM**
DAUER: **5:15 H**
ANSTIEG: **850 HM**
ANSPRUCH: **LEICHT**

Die Tour beginnt beim Parkplatz der Königsschlösser in Hohenschwangau **01**, ungefähr 4 km östlich von Füssen im Ostallgäu. Wir folgen den Wegweisern Bleckenau und Neuschwanstein, um auf der viel begangenen Asphaltstraße (Jugendstraße) anzusteigen. An beschilderter Stelle zweigt man rechts ab **02** und geht auf einem sehr steilen Fahrweg durch den Wald hinauf.

Beim Buswendeplatz **03** in der Nähe der Marienbrücke erreicht man wieder eine asphaltierte Straße und geht auf ihr geradeaus hinauf, über einen Sattel und kurzzeitig abwärts.

Folgt man immer dem Hauptweg neben der Pöllat, kommt man schließlich zum Forsthaus Bleckenau **04**, von dem es nur ein paar Meter zum Königshaus wären.

Wir gehen geradeaus weiter, über eine Bachbrücke und auf einer Kiesstraße talein, bis neben den Wegweisern nach rechts eine Forststraße abzweigt **05**. Auf ihr über eine Brücke und in den Wald hinein. Man folgt der Straße zum Rotmoos hinauf. Am Straßenende dem Wegweiser **06** nach rechts folgen und auf einem Bohlenweg durch den Wald weiter.

Hinter dem schwach ausgeprägten Bächwaldsattel **07** verzweigt sich der Weg **08**. Dort nach links weiter und dem Wegweiser zum Schlagstein folgen. Auf einem relativ steilen Viehweg plagt man sich hinauf und erreicht am Weidezaun einen markierten Bergpfad, auf dem man bis in den aussichtsreichen Schlagsteinsattel **09** ansteigt. Im Sattel links abbiegen und auf markierten Wegspuren die letzten 100 Höhenmeter zum

Gipfel des Schlagsteins 10 hinauf. Vom Gipfel bis in den Schlagsteinsattel entlang der Aufstiegsroute. Im Sattel aber schräg links weiter, auf der schattigen Nordseite des Berges am Hang entlang und in eine prächtige Berglandschaft hinein. Bei den Wegweisern muss man scharf links abknicken 11 und über einen Wiesenhang bis zum Waldrand absteigen.

Dann wieder durch lichten Wald und über Wiesenhänge zu einem Wildbach hinab, diesen queren und ein paar Meter zur Verzweigung neben der Altenberghütte 12 hinauf. Neben der Hütte zweigt man links ab, geht zum Fahrweg hinunter und auf diesem nach links zur Aufstiegsroute, der man bis Hohenschwangau 01 folgt.

41 Wettersteingebirge

Im Zug auf die Zugspitze

SCHWEISSFREI AUF DEN **HÖCHSTEN BERG** DEUTSCHLANDS

Gleich vorweg: Mit der elektrisch betriebenen Zahnradbahn, mit dem man seit 1930 durch einen 4.466 Meter langen Tunnel aufs Zugspitzplatt fahren kann, hat der Name der Zugspitze nichts zu tun.

Was er wirklich bedeutet, lässt sich nicht klären. Sicher ist nur: Die Zugspitze, mit einer Seehöhe von 2.962 Metern der höchste Berg Deutschlands, war einst männlich, also der Zugspitz. Das ist einer Karte zu entnehmen, die Förster nach 1750 angefertigt haben. Ob auch schon damals Hirten, Jäger oder Wilderer auf dem Gipfel gewesen sind, lässt sich nicht nachweisen. Die erste verbürgte Gipfelstunde auf der Zugspitze genossen 1820 der Vermessungsingenieur Josef Naus, ein Gehilfe namens Maier und der Partenkirchner Bergführer Johann Georg Tauschl. Man kann es ihnen heute auch ganz ohne Mühe gleichtun, zum Beispiel mit Hilfe der erwähnten Zahnrad- und der anschließenden Gletscherbahn, in deren Gondel man bis zum Münchner Haus (Deutschlands höchstgelegenem Gebäude) auf dem Gipfel schwebt. Info: https://zugspitze.de

---

HÖHER, GRÖSSER, WEITER …

1 : 80 000
Zugspitze
Eibsee
Grainau
Waxenstein
Alpspitze
Kreuzeck
Hochblassen
Garmisch-Partenkirchen

Ausflugsziel Zugspitze, 2.962 m

Bequeme Auffahrt und Talfahrt mit der Zahnrad- und der Seilbahn.

EINFACH EINSTEIGEN

UND GENIESSEN

Es gibt Dinge, die sollte man einmal gemacht im Leben haben. Eine Fahrt mit der Zahnradbahn und der Gletscherseilbahn auf die Zugspitze gehört auf jeden Fall dazu.

Dafür steigen wir am Zugspitzbahnhof in Garmisch-Partenkirchen in die Zugspitzbahn ein. Über Grainau und vorbei am berühmten Eibsee zuckelt die Bahn gemütlich das erste Stück nach oben. Dann passiert sie den langen Zugspitztunnel, der durch den Berg geschlagen wurde und bis zum Zugspitzplatt auf 2.600 m Seehöhe führt.

Wenn wir dort angekommen sind, können wir gemütlich eine Pause einlegen, ein wenig spazieren gehen, uns dabei akklimatisieren und im Gletscherrestaurant Sonnalpin entspannen. Dann geht es weiter mit der Gletscherbahn. Diese bringt uns in wenigen Minuten ganz nahe an das Gipfelkreuz der Zugspitze heran. Oben angekommen können wir den atemberaubenden Ausblick üner die Bayerischen Alpen und einen Großteil der südlich benachbarten Tiroler Bergwelt bis zum Südtiroler Ortler und zum Piz Bernina in der Schweiz genießen.

An der Zugspitze werden übrigens auch Rundtouren mit Zahnradbahn und den Zugspitzseilbahnen angeboten. So können wir mit einem Verkehrsmittel nach oben fahren und mit dem anderen wieder hinab – eine Technik- und Tourismus-Zeitreise von den 1930er-Jahren bis zur Gegenwart.

41

42 Wettersteingebirge

Die Zugspitze aus eigener Kraft

SCHWEISSTREIBEND AUF DEN **HÖCHSTEN BERG** DEUTSCHLANDS

Wer die Zugspitze zu Fuß erklimmen möchte, muss nicht nur über eine gute Kondition und alpine Erfahrung verfügen, sondern vor allem einiges an Zeit investieren.

2.300 Höhenmeter und gut 20 Kilometer trennen Garmisch-Partenkirchen und den höchsten Punkt Deutschlands auf der „klassischen“ Aufstiegsroute via Reintalanger- und Knorrhütte über das Zugspitzplatt; eine 10 Kilometer lange Strecke, aber bedeutend höhere Schwierigkeiten (steiler Klettersteig, Gletscherüberquerung) erwarten Zugspitz-Aspirant:innen auf dem Gipfelzustieg von Hammersbach über die Höllentalangerhütte. Nur 4,8 Kilometer lang, aber ebenfalls sehr abenteuerlich ist der gesicherte Aufstieg auf dem Stopselsteig auf der Tiroler Seite des Wettersteinmassivs, während der zweite österreichische Zugang ab Ehrwald nur als mittelschwere Bergtour eingeordnet wird. Gut 7 Stunden braucht's aber auch hier, bis man über die Ehrwalder Alm, das Gatterl und das Platt hinaufkommt – ohne Lifthilfe eine Gewalttour!

HÖHER, GRÖSSER, WEITER ...

1 : 60 000
Zugspitze
2962
Ehrwald
Ehrwald-Obermoos
Zugspitzbahn
Tiroler Zugspitzbahn
Aktiv & Familienresort
Tiroler Zugspitze
Comfort Camping
Tiroler Zugspitze
Ponofen
Wild-Ruhegebiet
Ehrwalder Köpfe
Vorderer Zugwald
Hinterer Zugwald
Schwarze Wand
Schwarzwandl
Aussichtspunkt Eibseeblick
Eibseealm
Oberleiten
Thörle
Kreuzleboden
Hochthörle-Hütte
1479
Thörlehütte
Sonnenrain
Stallmösele
Hohes Egg
Luttergrube
Seealpe Diensthütte
Riffelhütte Haltepunkt Riffelriß
Seilbahn Zugspitze
Zugspitz-Zahnradbahn
Bärenheimatkopf
Bärenfalle
Schöneckspitze
Schönangerspitze
Riffelspitzen
Riffeltor kopf
Riffelscharte
Tunnelfenster
Riffelwandspitze
Riffelköpfe
Große-Kleine-
Höllentalferner
Kaiserköpfe
Wiener-Neustädter-Hütte
2213
Münchner Haus
Observatorium
Gletscherbahn
Umweltforschungsstation Schneefernerhaus
Schneefernereck
Jubiläumsgrat
Weißes Tal
Innere-
Mittlere-
Höllentalgrat
Knorrhütte
2051
Brunntalgrat
Brunntal
Gamskar
Tiefenter Wiesen
Sonnenspitzl
Zugspitzeck
Gamskar
Schneefernerscharte
Nördl. Schneeferner
Sonn-Alpin
2576
Bhf. Zugspitzplatt
Sonnenkarlift
Schneefernerkopf
Neue Welt
Nördliche Wetterspitze
Wetterwandeckbahn
Auf dem Platt
Brunntal
Südl. Schneeferner
Südliche Wetterspitze
Wetterwandeck
Plattspitzen
Fensterl
Gatterlköpfe
Gatterl
2024
Feldernjöchl
Am Brand
Felderer Tal
Hochwannigkopf
Diana-Thörle
1126
Brunst
Gamsalm
1256
Ebene
Camping Dr. Lauth
Weißlähn
Bärlesgrube
Wieswald
Holzereck
Wettersteinbahn
Panorama
Lahngraben
Lehner Wald
Wiesgrat
Buchenwald
6er Sunracer
Holzerwies
Koppenwald
Haag
Hof
Höcheggen
Hofkapelle
Leitwald
Westal
Lehnplatzlstal
Ganghoferblick
Grüner Platz
Issentalköpfl
1925
Brent Alm
Ehrwalder Alm-Bahn
Tirolerhaus
6er SB Issentalköpfl
Altenmühlen
Ganghofer Hütte
Obere Mähder
Ehrwalder Alm
1502
Alpenglühen
Haus Wettersteinwand
Hochfeldernalm
1732
Pestkapelle
Feldernalm
1518
Hoher Gang
Seebenwände
Unterstandshütte Ganghofers Rast
Talblick
Seebenbachfall
Seebenalm
1575
Igelsee (Verlandung)
Breitlahn
Vorderer Tajakopf
2450
Brendlsee
Igelskopf
Bergwerk (verf.)
Breitenkopf
2469
Breitenkopfhütte
Hinterer Tajakopf
2408
Coburger Hütte
1917
Drachensee
Vord. Drachenkopf
Brendlkar
Igelskar
Schwarzbachkar
Hochwand
Hohe Wand
(Totenwand)
2719
Tajatörl
2259
Alplscharte
2317
Drachenkopf
2410
Grünsteinscharte
2272
Östliche-Griesspitze
Mitterspitzen
Hochplattig
2768
(nur für Geübte)
01
02
03
04
05
06
07
08
09
V

Auf die Zugspitze, 2.962 m

Eine sehr lange und anspruchsvolle Bergtour, die ohne Liftunterstützung an einem Tag kaum zu schaffen ist. Trittsicherheit und Schwindelfreiheit sind beim Gipfelanstieg unbedingt erforderlich.

DISTANZ: **28 KM**
DAUER: **13:00 H**
ANSTIEG: **2260 HM**
ANSPRUCH: **SCHWER**

Von der Talstation der Ehrwalder Almbahn 01 bei Ehrwald in der Tiroler Zugspitzarena (Österreich) erreicht man die Ehrwalder Alm 02 zu Fuß auf dem Wiesenweg, mit dem Rad auf einer Asphaltstraße oder bequem mit der Ehrwalder Alm-Gondelbahn.

Kurz vor dem ehemaligen Gasthaus Alpenglühen zweigt man links ab und folgt einem Fahrweg gering ansteigend gegen Osten zu einer Wegverzweigung (eventuell Raddepot). Dort nach links und auf der sommerlich verwaisten Skipiste zur Hochfeldernalm 03 hinauf.

Unmittelbar vor der Jausenstation links abdrehen und dem Weglein über stark geschundene Bergweiden und durch Latschengürtel zum Am Brand folgen.

Nun links halten und gering abfallend zur Wegverzweigung im Feldernjöchl 04 und weiter abwärts zur tiefsten Stelle vor dem Gatterl. Jetzt steil am Drahtseil zum Gatterl 05 hinauf, wo zum Gedenken an die Lawinenopfer vom 20. Dezember 1952 jährlich am zweiten September-Sonntag die Gatterlmesse stattfindet.

Durchs Gatterl und auf dem Plattsteig in ständigem Auf und Ab ungemütlich dahin, an einer Diensthütte vorbei und zur Knorrhütte 06. Dort links schwenken und über das ausgedehnte Zugspitzplatt in trister Berggegend und in praller Sonne gegen Westen dahin. Dabei über einige Firnfelder und an den letzten Aufschwung in der Nähe des Restaurants Sonn-Alpin 07 heran. Nach einer recht mühseligen Schotteretappe geht es am Drahtseil über eine Felspassage zum Wettersteingrat hinauf. Auf ihm an Antennenanlagen vorbei zum Münchner Haus 08 hinauf.

Dort folgt dann noch der kurze Übergang auf dem gut gesicherten, aber oft heillos überlaufenen Gipfelpfad zum golden leuchtenden Kreuz auf dem zweithöchsten Punkt des Berges. Es geht über eine Leiter hinauf, rechts hinab und auf dem kurzen Grat zum Ziel 09.

Der Rückweg verläuft auf derselben Route. Wer mit der Tiroler Zugspitz-Seilbahn talwärts gondelt, gelangt von der Talstation per Bus nach Ehrwald zurück.

O'zapft is der Piña Colada

KARIBISCHER FLAIR IN WEISS-BLAU – DER WALCHENSEE

Von der „Bayerischen Karibik" schwärmen mehrere Blogs und Reiseforen, die vom Walchensee berichten. Ob da was dran ist, klären wir am besten bei einer Bergwanderung, die Ausblicke auf dieses bayerische Gewässer bietet.

Und tatsächlich: Wer den langen Weg auf den 1.840 Meter hohen Simetsberg unter die Wanderschuhe nimmt, staunt nach längerer Aufstiegszeit im Waldesdunkel plötzlich über den Tiefblick zum Seeufer, das mit weißen Kieselsteinen und hellblauem Wasser wirklich ein wenig an exotische Destinationen erinnert. Und es wird noch schöner beim Höhersteigen, denn wir landen schlussendlich auf einem sich in den Himmel schwingenden Wiesenhang mit einer Fülle seltener Blumen. Im Frühsommer lassen sich dort die mit dem Edelweiß verwandten Katzenpfötchen entdecken, dazu viele Orchideenarten wie das Kohlröschen, die Wohlriechende Händelwurz und das Kugelknabenkraut. Spätestens auf dem Gipfel ist es gewiss: Eine solche Blütenpracht gibt's in der Karibik nicht, vom fulminanten Karwendelblick ganz zu schweigen ...

WO GIBT'S DENN SOWAS?

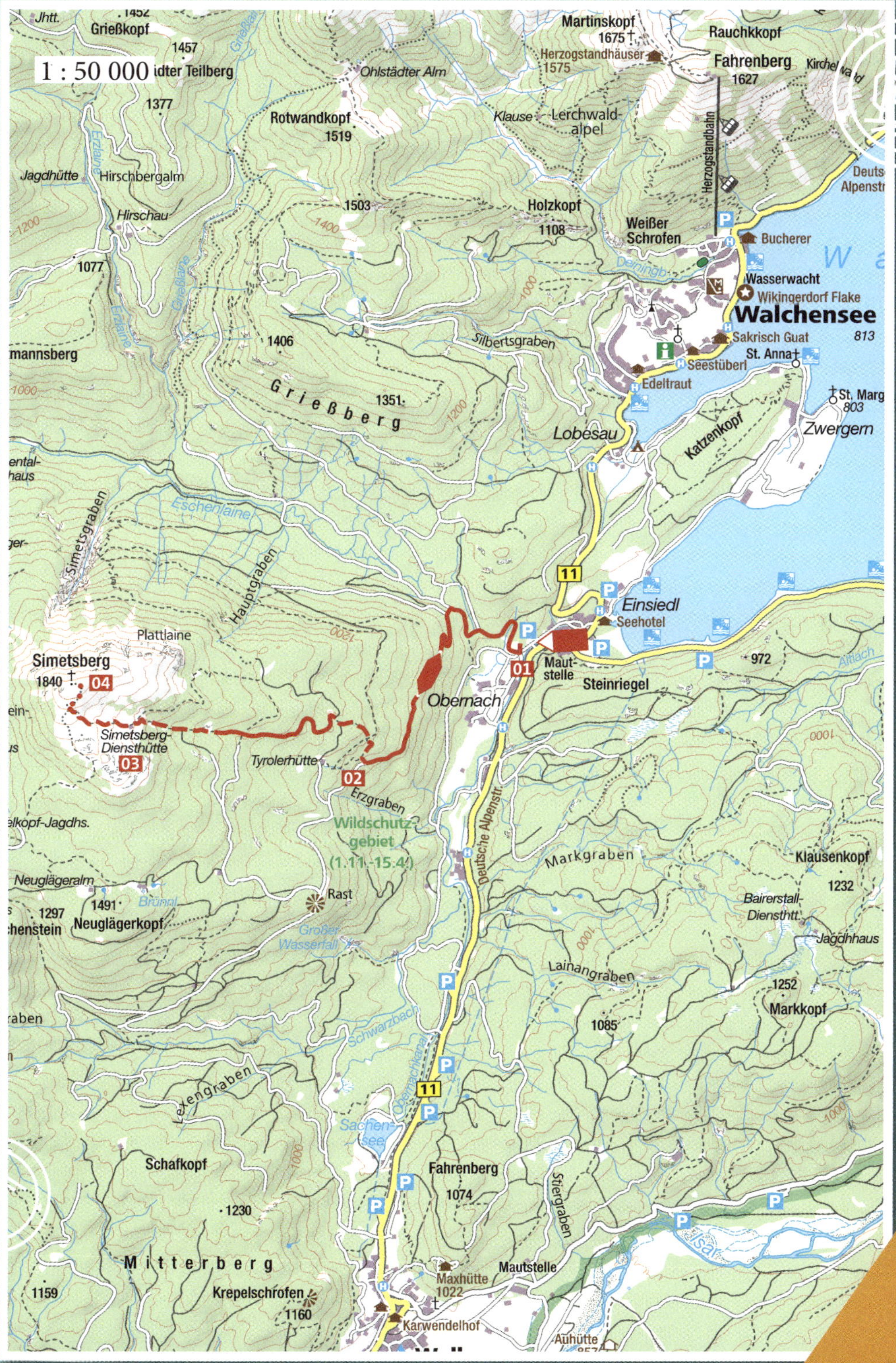
1 : 50 000
Grießkopf
Rotwandkopf
1519
Ohlstädter Alm
Martinskopf
1675
Herzogstandhäuser
Rauchkkopf
Fahrenberg
1627
Lerchwald-
alpel
Herzogstandbahn
Holzkopf
1108
Weißer
Schrofen
Bucherer
Wasserwacht
Wikingerdorf Flake
Walchensee
813
Sakrisch Guat
Seestüberl
Edeltraut
St. Anna
Zwergern
Lobesau
Katzenkopf
Jagdhütte
Hirschbergalm
Hirschau
1077
1406
Grießberg
1351
Silbertsgraben
Eschenlaine
Simetsgraben
Hauptgraben
Plattlaine
Simetsberg
1840
04
Simetsberg-
Diensthütte
03
Tyrolerhütte
02
Erzgraben
Obernach
01
Maut-
stelle
Einsiedl
Seehotel
Steinriegel
972
11
Wildschutz-
gebiet
(1.11.-15.4.)
Rast
Neuglägeralm
1491
Neuglägerkopf
Großer
Wasserfall
Deutsche Alpenstr.
Markgraben
Klausenkopf
1232
Bairerstall-
Diensthtt.
Jagdhaus
Lainangraben
1252
Markkopf
1085
Schwarzbach
Sachensee
Schafkopf
1230
Fahrenberg
1074
Stiergraben
Mitterberg
1159
Krepelschrofen
1160
Maxhütte
1022
Mautstelle
Karwendelhof
Isar
Aühütte

Auf den Simetsberg

Diese einfache, aber relativ lange und überwiegend ostseitige Wanderung verläuft auf breiten Fahrwegen, ist bei Nässe rutschig und endet auf einem wunderschönen Wiesenhang; Trittsicherheit ist erforderlich.

DISTANZ: **10 KM**
DAUER: **5:00 H**
ANSTIEG: **1010 HM**
ANSPRUCH: **MITTEL**

Vom Parkplatz bei Einsiedl am Südwestufer des Walchensees **01** zwischen Kochel am See und Wallgau bei Mittenwald gehen wir auf einem Forstweg nach Nordwesten hinauf, kurz flach dahin, links ab auf einen Fahrweg und in einer Rechts-Links-Schleife nordwärts hinauf zu einem Forstwegsknoten (910 m). Hier links auf einen langen, ansteigenden Forstweg, den man südwestwärts verfolgt, bis rechts ein Wanderweg **02** Richtung Simetsberg abzweigt (1040 m, verborgenes Schild; bis hierher mit MTB möglich, aber anstrengend).

Nach Rechtsquerung durch den Wald zügig aufwärts zu einem Rücken, diesem folgend auf einem mäßigen Pfad über einen Kahlschlag nordwestwärts hinauf und wieder in den Wald. Nach Kreuzung eines Fahrwegs auf einem anfangs gewundenen Karrenweg weiter und linkshaltend (westwärts) ansteigend in einen Graben queren. Durch diesen steil teils matschig, teils steinig hinauf zur nicht bewirteteten Simetsberg-Diensthütte **03** (1600 m). Über freie Wiesenhänge auf einem lehmigen Pfad westwärts und zum Schluss zunehmend steil nordwärts über den Abschlusshang zwischen Latschen zum Gipfel **04** (1840 m).

Abstieg auf der Aufstiegsroute zum Ausgangspunkt **01**.

43

44 Berchtesgadener Alpen

Tausendundein Meter

AUF DEN **KLEINSTEN 1000er** DEUTSCHLANDS

Schon mal auf dem „Dötzi“ gewesen? So nennen die Reichenhaller ihren liebsten Aussichtsgipfel, der mit der Stadtkanzel auch gleich den zweitbesten Panoramapunkt über dem oberbayerischen Salzort trägt.

Manche Menschen lassen ja nur Erhebungen über 1.000 Meter Seehöhe als echte Berge gelten. Da hat der Dötzenkopf im Süden von Bad Reichenhall aber Glück. Mit einem Meter mehr schafft er diese Hürde gerade mal so, aber dafür ist er ein besonders lohnendes Wanderziel in der wild zerklüfteten Nordflanke des Lattengebirges. Das wiederum gilt als die am wenigsten bekannte Gebirgsgruppe der Berchtesgadener Alpen, die zumindest für Auswärtige ein wenig im Schatten des benachbarten Untersbergs, der nahen Reiter Alm und des weitum bekannten Watzmanns steht. Doch wer auf dem „Dötzi“ auf den Geschmack gekommen ist, möchte dann sicher auch noch die Steinerne Agnes besuchen. Das bizarre Dolomitgebilde wird seit alters her mit einer Sage vom Teufel und seinem G’spusi, einer bildhübschen Sennerin, in Verbindung gebracht.

HÖHER, GRÖSSER, WEITER …

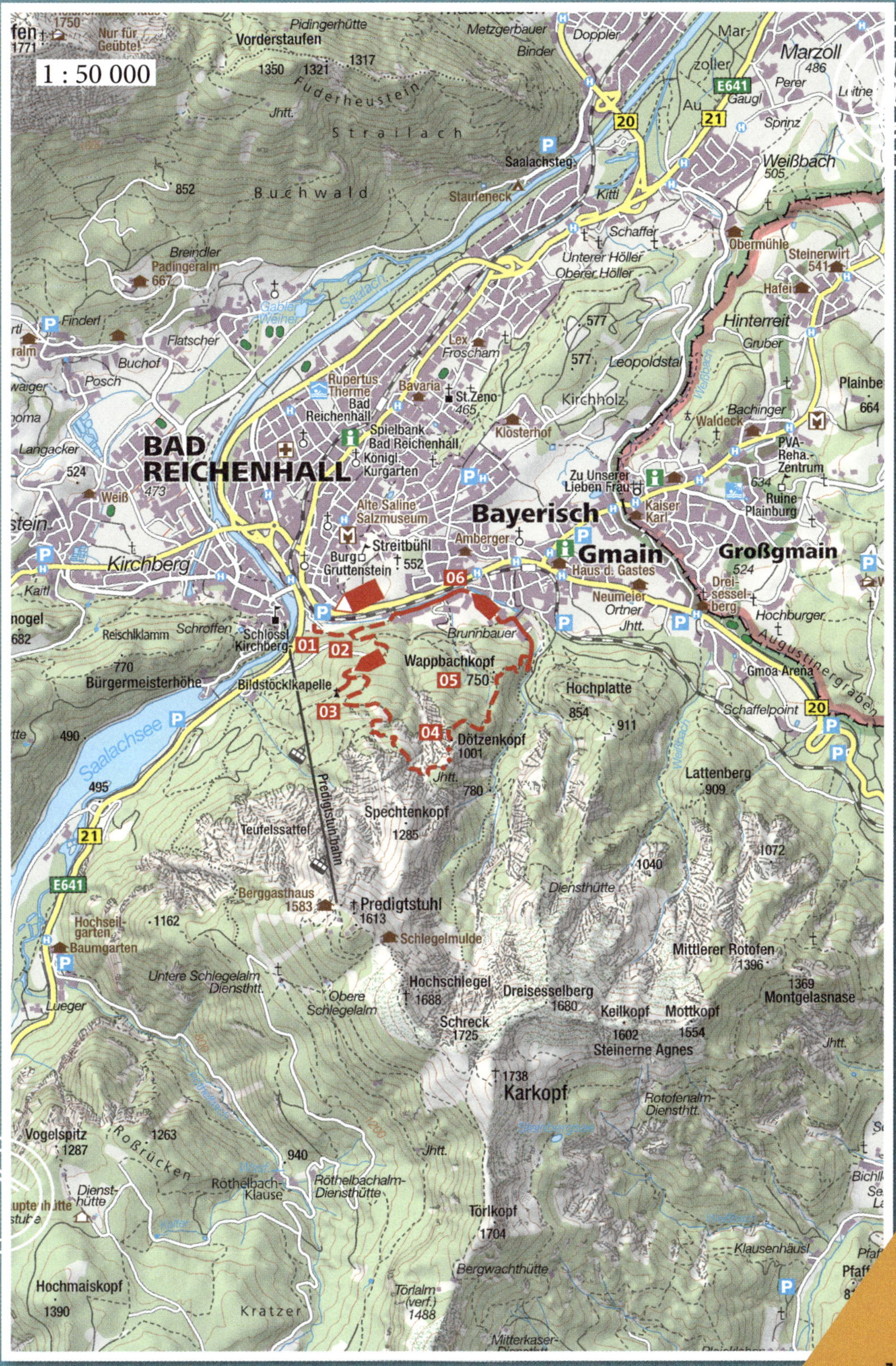
1 : 50 000
Nur für Geübte!
Pidingerhütte
Vorderstaufen
1350
1321
1317
Fuderheustein
Straïlach
Buchwald
852
Metzgerbauer
Binder
Doppler
Mar-zoller
Marzoll
486
Perer
Au
Gaugl
E641
20
21
Sprinz
Weißbach
505
Saalachsteg
Staufeneck
Kittl
Schaffer
Unterer Höller
Oberer Höller
Obermühle
Steinerwirt
541
Hafen
Hinterreit
Gruber
Breindler
Padingeralm
667
Finderl
Flatscher
Buchof
Posch
Gablerweiher
Saalach
Lex
Froscham
577
Leopoldstal
Rupertus Therme
Bad Reichenhall
Bavaria
St. Zeno
465
Kirchholz
Weißbach
Plainberg
664
Bachinger
Waldeck
Langacker
524
BAD REICHENHALL
473
Weiß
Spielbank Bad Reichenhall
Königl. Kurgarten
Klosterhof
Zu Unserer Lieben Frau
PVA-Reha.-Zentrum
634
Ruine Plainburg
Kaiser Karl
Alte Saline Salzmuseum
Bayerisch
Gmain
Großgmain
Amberger
Haus d. Gastes
Streitbühl
Burg Gruttenstein
552
Kirchberg
524
Drei-sessel-berg
Neumeier
Ortner
Jhtt.
Hochburger
Kaitl
Schroffen
Schlössl Kirchberg
Reischlklamm
Brunnbauer
Augustinergraben
Gmoa-Arena
Bürgermeisterhöhe
770
Wappbachkopf
750
Hochplatte
854
911
Schaffelpoint
Bildstöcklkapelle
01
02
03
04
05
06
Dötzenkopf
1001
Saalachsee
490
495
780
Lattenberg
909
Predigtstuhlbahn
Spechtenkopf
1285
Teufelssattel
1072
1040
Diensthütte
E641
Berggasthaus
1583
Predigtstuhl
1613
Schlegelmulde
Hochseilgarten
Baumgarten
1162
Untere Schlegelalm Diensthtt.
Obere Schlegelalm
Hochschlegel
1688
Dreisesselberg
1680
Mittlerer Rotofen
1396
1369
Montgelasnase
Lueger
Schreck
1725
Keilkopf
1602
Mottkopf
1554
Steinerne Agnes
1738
Karkopf
Rotofenalm-Diensthtt.
Vogelspitz
1287
Roßrücken
1263
940
Röthelbach-Klause
Röthelbachalm-Diensthütte
Jhtt.
Dienst-hütte
Törlkopf
1704
Klausenhäusl
Hochmaiskopf
1390
Kratzer
Törlalm (verf.)
1488
Bergwachthütte
Mitterkaser-

Auf den Dötzenkopf, 1.001 m

Gut angelegter und teilweise versicherter Steig, etliche Holzleitern, Brücken und Drahtseile. Bei Nässe nicht zu empfehlen, da einige steilere Waldpassagen

DISTANZ: **8,25 KM**
DAUER: **2:45 H**
ANSTIEG: **656 HM**
ANSPRUCH: **MITTEL**

Wir folgen am Festplatz beim Gasthaus Schießstätte **01** (wegen Brand bis auf Weiteres geschlossen) in Bad Reichenhall (Oberbayern) der Beschilderung „Dötzenkopf". Ein breiter Kiesweg führt schattig am Waldrand hoch und bringt uns zum Aussichtspunkt Stadtkanzel **02**.

Ein paar Meter weiter passieren wir die Wegverzweigung, die links zum Wanderzentrum Bayrisch Gmain ausgeschildert ist (unserem späteren Rückweg). Wir steigen weiter rechts hoch, teils über steilere Kehren, bis wir nach einer Rechtsquerung und einem großen Linksbogen über einen schattigen Waldpfad zu der kleinen Bildstöcklkapelle **03** gelangen. Hier haben wir eine schöne Aussicht zum Staufen hinüber. Kurz zurück zur Verzweigung und weiter Richtung Türmereck, das wir über teils steilere Kehren (Eisengeländer) und eine Rechtstraverse auf schmalem Pfad erreichen mit Blick hinauf zur Bergstation der Predigtstuhlbahn und hinunter zum Saalachsee. Oberhalb der Aussichtsstelle folgen wir dem Pfad und wandern meist der Hangkante entlang mit Tiefblick nach Bad Reichenhall. Wir queren felsige Rinnen, bei denen der Weg durch Hangrutsche teils etwas abschüssig, aber mit Eisenbrücken und Drahtseilen ausreichend gesichert ist. Einen Felssporn umgehend sehen wir dann den Dötzenkopf links vorne. Nachdem wir eine Rinne gequert haben, sehen wir von einem Aussichtspunkt, wie sich der Weiterweg elegant hinüber zum Dötzenkopf **04** schlängelt.

Der Abstieg verläuft zunächst sehr steil und kehrenreich über wurzelige Stufen und Felsabsätze, bis bei einer Flachpassage links hoch die kleine Hochfläche des Wappachkopfs 05 markiert ist.

Es geht weiter bergab und nach einem großen Linksbogen erreichen wir das Waldende. Wir stoßen auf Asphalt und eine Verzweigung, die rechts zum Wanderzentrum und links zum Dötzenkopf weist. Über den Schanzenweg und den Wappachweg 06 gehen wir am Bach entlang Richtung Bad Reichenhall und nehmen kurz nach einer Holzbrücke die Abzweigung links zum Bildstöckl.

Bei der Stadtkanzel treffen wir wieder auf den Anstiegsweg und steigen ab zum Ausgangspunkt 01.

45 Berchtesgadener Land

Eisblau, Eiskalt.

BESUCH BEIM **NÖRDLICHSTEN GLETSCHER** DER ALPEN

Los, los! Wer den Blaueisgletscher am Hochkalter im Nationalpark Berchtesgaden sehen möchte, sollte nicht lange mit dem Losmarschieren warten. Er hat nur noch eine Lebenserwartung von wenigen Jahren.

Bis ihm der Klimawandel endgültig den Garaus macht, bleibt er aber der nördlichste Gletscher der Alpen, dazu der am niedrigsten gelegene und auch der steilste. Von den vier (gerade) noch bestehenden Eisfeldern Deutschlands – die andern befinden sich am nahen Watzmann und an der Zugspitze – gilt er jedenfalls als der wildeste. Obwohl von seiner einstigen Fläche nur mehr vier oder fünf Hektar übrig geblieben sind, ist es keine gute Idee, sich ihm ohne Seil, Steigeisen, Pickel und hochalpine Erfahrung anzunähern. Sehr empfohlen sei jedoch ein Besuch der im Sommer bestens bewirtschafteten Blaueishütte des Alpenvereins, denn dort lässt sich das dahinschmelzende Eis-Unikum vom Esstisch aus bewundern. Und wer höher hinaus will: Es werden dort auch Gletschertourenkurse angeboten. Info: www.blaueishuette.de

---

HÖHER, GRÖSSER, WEITER …

1 : 50 000
Schwarzbachalm
Obere-
Schwarzbachwacht
Brunnhaus
868
Schwarzbachwacht-
sattel
Wachterlhorn
1520
Vogelspitz
Pfaffenthalhütte
1332
Schmuckenstein
1226
Deutsche Alpenstraße
Taubensee
(873)
Eingeschlossener
Steig
Eisberg
Zirbeneck
1810
Eisbergalm
Diensthtt.
1800
Schafeck
Leyerer
Klausgraben
Baltram
Hinter-
simon
Vorder-
913
Kaltbach
Fron-
wies
Schmuck
Datzmann
Gruben
1084
Pfaffen
1307
Stöckllehen
Hochschwarzeck
Eisbergscharte
1557
Eisbergsteig
Edelweißlahner-
kopf
1953
Gschoßlehen
Nutzkaser
Taubensee
Flodermühle
Helln
Wagenhütt
Unterhäusl
Gratzenlehen
Luegeck
875
Lang-
bruck
Hindenburg-
linde
Neudeck
Zipfhäusl
Datz
Schottmalhorn
2045
Zulehen
Graßl
Brandhäusl
Triebenbach
Wartstein
Lack
Pletzer
Mösel
Urban
Fernsebner
Maria Himmelfahrt
Freiding
Berghotel
Rehlegg
Point
Café Gelfart
Zauberwald
893
Antenbichl
Antonikapelle
01
Zauberwald
Klaus
Seeklause
Hintersee
(789)
Sommerau
Hochkalter
Waldquelle
Ramsauer Ache
Wörndlhof
Beslhof
1268
Halsalm
Hintersee
Halskopf
1285
879
Seeklausköpfl
Auzinger
Nationalpark-
INFO
Schärtenalm
1362
02
1100
1039
Klausbach
1200
Schärtenwand
1316
1199
Eckaualm
1814
Steinberg
Gamssulzen
Blaueishütte
03
1680
2026
2065
1730
Mitterkaser
Kaltergraben
1370
Schärtenspitze
2153
Hochalm
1500
Kitzkartauern
Unterstan
hütte
Rotpalfen
(Wasserwandkopf)
Stanglahnerkopf
1791
Salzkopf
2367
Ofental-Diensthtt.
Eisbodenscharte
2049
Am Hund
1663
Nur für
Geübte!
Kleinkalter
2513
Hochalm
Schottmalhorn
1917
Nur für
Geübte!
Wimbachschloss
937
2481
Blaueisspitze
2607
Blaueisscharte
2122
Hochkalter
Ofentalschneid
Schöne Wand
2371
Schönwandeck
2513
Ofentalhörnl
2468
Steintalhörnl
Eislhörnl
2083
2095
1860
Hinterbergkar
2252
Hocheishörnl
Sittersbachscharte
2113
Kiendeleck
1259

Zur Blaueishütte

Anfangs wandern wir auf einem breiten Forstweg, dann auf einem steilen, aber gut begehbaren Bergpfad.

DISTANZ: **10,5 KM**
DAUER: **4:15 H**
ANSTIEG: **880 HM**
ANSPRUCH: **MITTEL**

Vom großen Parkplatz beim Hintersee **01** bei Ramsau im Berchtesgadener Land (800 m) überqueren wir die Straße und marschieren auf breitem Forstweg in ansteigenden Kehren nach oben. Der Weg ist gut markiert und die scharfe Abzweigung auf einen schmaleren Pfad nach links ist nicht zu übersehen. In teilweise recht steilen Kehren steigen wir nun gemächlich immer dem schattigen Weg folgend weiter auf, bis plötzlich nach einer besonders steilen Stelle vor uns die Schärtenalm **02** auftaucht.

Direkt neben dem Weg gelegen lädt sie zu einer gemütlichen Pause ein. Dann geht es ein kurzes Stück fast eben dahin und über eine stabile Holzbrücke hinüber gelangen wir zur Talstation der Materialseilbahn. Hier zweigt vom breiteren Weg nach links ein schmaler Pfad ab (Schild). In engen Serpentinen führt uns dieser gut angelegte Steig ziemlich steil nach oben. Zuerst nach links an die Felsen heran, an denen wir unterhalb entlang hochsteigen. Im oberen Teil dieser bewaldeten Steilstufe halten wir uns rechts und erblicken erst im letzten Moment, bevor wir sie erreichen, die stattliche und schön gelegene Blaueishütte **03**.

Der Abstieg erfolgt wie der Aufstieg.

46 Berchtesgadener Land

Free falling

ZUM **HÖCHSTEN WASSERFALL** DEUTSCHLANDS

Wo und wie hoch ist Deutschlands Nummer 1 unter den Wasserfällen? Ersteres ist leicht zu beantworten: Im Berchtesgadener Land, im Bergkessel der Röth nahe dem berühmten Königssee. Zweiteres ist gar nicht so einfach.

Der Röthbach stürzt über die Röthwand und speist den Obersee, der sein Wasser in den nahen Königssee schickt. 470 Meter ist dieser Wasserfall hoch, damit stellt er den nahen Landtalfall knapp in den Schatten. Erreichbar ist die Kaskaden-Arena der Röth, dem Bergkessel zwischen dem Hagengebirge und dem Steinernen Meer, nur auf langen Pfaden durch entlegene Karstgebiete der Berchtesgadener Alpen – oder per Boot über den Königssee. Wer den „Wasserweg“ nutzt bedenke, dass die Abfahrtszeiten einen gewissen Zeitdruck beim Wandern ausüben. Bei längeren Unternehmungen ist also eine Übernachtung in der Wasseralmhütte oder im Kärlinger Haus anzuraten, denn selbst wenn man das erste und das letzte Boot nimmt, bleiben dazwischen maximal 8 Stunden.
Info: www.wasseralm-berchtesgaden.de, https://kaerlingerhaus.de

---

HÖHER, GRÖSSER, WEITER …

1 : 50 000
Eiswinkel
Ostwandlager
(Nächtigung nur für
Ostwandbesteiger!)
618
St. Bartholomä
Nationalpark-INFO
(keine Nächtigung!)
St. Johann und Paul
Palfenlahner
Eiskapelle
Eisgraben
Burgstallgraben
Burgstallstein
1260
Burgstallalm
1837
Schrainbachalm
(verf.)
866
Holzstube
Mausalpeck
Hachelklause
Salzgraben-
höhle
Kastl
Seeaukopf
1505
Gotzenstein
1613
Seeaualm
(verf.)
Aussichtspunkt
Feuerpalfen
1741
Warteck
Gotzenalm
1685
Bärenkopf
1710
Gotzentauern
1858
Im Reitl
Bärengrube
Rösengrube
Klausbergl
1704
1717
1718
Nur für
Geübte!
Kauner Holzstube
(verf.)
Gotzenberg
Kleines Regenbergl
Regenalm
Diensthtt.
Saletalm
(keine Übernachtung)
Mittersee
Talwand
01
02
Salet
Obersee
(613)
03
620
Fischunkelalm
Regentiefe
Landtalwand
Landtalalm
Nur für
Geübte!
Sagereckwand
Neuhüttenalm
(verf.)
1865
Sagereckalm
(verf.)
Halsköpfl
1719
06
Walchhüttenwand
Halsgrube
Halsalm
(verf.)
Simetsbergalm
(verf.)
Schwarzsee
Scheibenwand
Brustwand
04
703
Seilstattwand
Grüberl
Dienst-H
(verf.)
1628
08
07
Walchhütte
(verf.)
Hüttau
Kuhscheibe
2011
Grünsee
1683
Himmelsleiter
1599
Grünseealm
Kronalm
(verf.)
Bergwand
Wasserberg
1487
Glunkerer
1932
Pflaumpalfen
1975
Kärlingerhaus
1631
09
Teufelsmühle
Feldkogel
1886
Ebenhorn
Kuhscheibe
Diensthtt.
Wasseralm
1416
05
Schabaualm
(verf.)
Funtensee
Funtenseealm
(verf.)
Feldalm
(verf.)
1771
Stuhlwand
2376
Stuhljoch
Gemsscheibe
2152
Mühlebenwald
Diensthtt.
2448
Hochscheibe
2462
Stuhlgrabenkogel
1881
Lederkopf
2113
Hirtenhütte
(verf.)
Nur für
Geübte!
2579
Funtenseetauern
Graskopf
2519
Hocheck
2230
Blaue Lache
Schönfeldwand
Baumgartl
1788
Stuhlgraben
Lederkar
Leiterkopf
2369
2233
Schottmalhorn
2089
Totes Weib (Niederbrunnsulzenkopf)
Grießkogel
Steinige Grube
Steinhütterl
Lange Gasse
Schwarze Lacke
2543
Wildalmrotkopf
2517
Vord.
Wildalm (verf.)
Rosentalhörnl
Brandenberg
2300
2368
2055
Niederbrunnsulzen
2119
Blasser Hund
2192
Schönfeldgrube

Wasseralm – Kärlingerhaus

Stellenweise steiler und schattiger Waldsteig mit Holz- und Felsstufen (Drahtseilsicherungen); bei Nässe nicht zu empfehlen.

DISTANZ: **13,25 KM**
DAUER: **6:15 H**
ANSTIEG: **1336 HM**
ANSPRUCH: **MITTEL**

Zunächst fahren wir mit dem Schiff über den Königssee im Süden von Berchtesgaden zur Anlegestelle Salet 01. Von dort aus wandern wir gemütlich der Markierung 424 folgend zum Obersee 02 und an dessen rechtem Ufer unterhalb der Walchhüttenwand zur Fischunkelalm 03.

Von dort leicht ansteigend weiter zum Talschluss und links vom imposanten Röthbach-Wasserfall zum Fuß der Wand. Der Steig teilt sich bald darauf; links unschwierig in Richtung Landtal, wo er auf den von der Gotzenalm kommenden Wanderweg 416 trifft.

Rechts geht der versicherte, mit Holztreppen und Leitern ausgestattete Röthsteig 04 ab, der oberhalb des Wasserfalls den Bach überquert und dann leichter ansteigend durch den Wald zu einer Wegverzweigung unweit der von hier leicht zu erreichenden Wasseralm 05 hinaufführt. (Hier lässt sich mit einem kurzen Abstecher nicht nur Rasten und Einkehren, man kann bei Bedarf die lange Tour hier auch unterbrechen und übernachten.)

Zurück zur Wegverzweigung folgen wir links der Markierung 416 und steigen zunächst steiler hoch, dann wandern wir in stetem Auf und Ab dem markierten Höhenweg Richtung Westen. Die lange Querung, die uns immer wieder herrliche Ausblicke nach links und rechts gestattet, bringt uns zu einem Sattel kurz unterhalb des Halsköpfls 06 und zu einer Wegverzweigung. Wir folgen dem Pfad links hinab, umgehen einen Felsvorsprung und gelangen über enge Kehren hinab zum versteckt im Wald liegenden Schwarzensee 07.

Kurze Zeit später treffen wir auf die Verzweigung mit dem Sagerecksteig (Markierung 422). Wir halten uns links, passieren leicht ansteigend den Grünsee 08 und erreichen wenig später oberhalb des Sees einen kleinen Sattel.

Weiter den Markierungen folgend geht es über die sogenannte Himmelsleiter zum Funtenseesattel hinauf und dann leicht abwärts zum bald sichtbaren Kärlingerhaus 09 hinab.

Der Abstieg erfolgt wie der Aufstieg.

Extrem cool!

DER **KÄLTESTE ORT** DEUTSCHLANDS

An schönen Sommertagen stürmen Tausende Besucher:innen St. Bartholomä; im Biergarten vor der berühmten Barockkapelle am Königssee geht's dann heiß her. Kalt lässt das den 1.000 Meter weiter oben gelegenen Funtensee – wortwörtlich.

Ist's eine Quelle (Fontana) oder die muntere Forelle, die dem 2,5 Hektar großen See direkt vor dem Kärlingerhaus im Steinernen Meer zu seinem Namen verholfen hat? Wie auch immer: Bekanntheit hat das Berggewässer vor allem deshalb erlangt, weil am 24. Dezember 2001 an seinem Ufer eine Lufttemperatur von −45,9 °C gemessen wurde. Der Grund dafür liegt in einem Kältesee, der sich oft in der Mulde über dem meist ebenfalls sehr kühlen Nass bildet. Den deutschen Kälterekord hält zwar seit 1929 das Dorf Hüll in der oberbayerischen Hallertau, doch als die frischeste Location der Nördlichen Kalkalpen gilt der Funtensee allemal. Doch keine Sorge: Warm wird's allen, die über die vielen Wegserpentinen in der schluchtartigen Saugasse zu ihm emporwandern.
Info: https://kaerlingerhaus.de

HÖHER, GRÖSSER, WEITER ...

1 : 50 000
Hocheck
2651
Unterstandshütte
nur für Geübte!
Mittelspitze
2713
2007
Watzmannkar
Kederbichel
2307
Kl. Watzmann
Watzmannscharte
Lablkopf
2015
Mooslahnerkopf
1815
Aussichtspunkt Archenkanzel
Archenwand
Kessel
(603)
Watzmann-gletscher
2230
2247
2225
Watzmannkinder
Südspitze
(Schönfeldspitze)
2712
Ostwand-Biwak
2380
Nur für Geübte
Biwakhöhlen
Eiskapelle
Eiswinkel
Palfenlahner
Ostwandlager
(Nächtigung nur für Ostwandbesteiger!)
618
St. Bartholomä
Eisgraben
St. Johann und Paul
Nationalpark-INFO
(keine Nächtigung!)
01
St. Bartholomä
-57
Im Reitl
Gotzens
Reitlgraben
Fallangr.
Brandgr.
2310
Schönfeldschneid
Kirche
1402
Burgstallgraben
Burgstallstein
1260
Hocheis
Hachelwände
1837
Burgstallalm
Nur für Geübte!
Hirschwieskopf
2114
Banngraben
2000
Hachlspitze
2066
Hachelköpfe
Schrainbachalm
(verf.)
-104
Nur für Geübte!
Kauner Holzstube
(verf.)
Kleines
Tabakmannl
2021
Diensthtt.
1798
Mausalpeck
866
02
Holzstube
Hachelklause
Kastl
Kaunerwand
03
Nur für Geübte!
V
Sigeretplatte
Salzgrabenhöhle
Saletalm (keine Übernach
Mittersee
Rauhe Köpfe
Unterlahner-A.
(verf.)
Saugasse
2094
Salet
Sagereckwand
Nur für Geübte!
Gjaidkopf
2268
2185
Nur für Geübte!
Neuhüttenalm
(verf.)
Gjaidgraben
1384
Oberlahneralm
(verf.)
04
1865
Schneiber
2330
Gamskar
Bärengraben
Sagereckalm
(verf.)
Halsgrube
Halsalm
(verf.)
Halsköpfl
1719
Walchhüttenwand
Simetsbergalm
(verf.)
Grüberl Dienst-H
(verf.)
1815
1751
Bärenloch
1628
Schwarzsee
Moosscheibe
Scheibenwand
Ofenloch
Kuhscheibe
2011
1863
Hirschwand
Schönbichlalm
(verf.)
Himmelsleiter
Grünsee
1683
Kronalm
(verf.)
Schäferhütte
(verf.)
1993
Hirsch
1843
1912
Grünseealm
1599
Totenstein
Glunkerer
1932
Pflaumpalfen
Geigen
Kärlingerhaus
05
1631
Feldkogel
1886
1975
Ebenhorn
Teufelsmühle
Funtensee
Funtenseealm
(verf.)
Diensthtt.
Rennergraben
Feldalm
(verf.)
1771
Stuhlwand
Stuhljoch
2448
2376
Gamssche
2152
1967
Zirbenmarter
Jhtt.
1889
Viehkogel
2158
Hochscheibe
2462
Stuhlgrabenkogel
1881
Lederkopf
2113
Hirtenhütte
(verf.)
Nur für Geübte!
2579
Funtenseetauern
Graskopf
2519
Viehkogeltal
2127
Schabgasse
Baumgartl
1788
Stuhlgraben
Lederkar
2115
2232
2233
Schottmalhorn
2089
2231
Grießkogel
Steinige Gr

Zum Funtensee

Einfacher, aber langer und vor der Schrainbachalm und im Bereich der Saugasse auch recht steiler Hüttenzustieg.

DISTANZ: **9,75 KM**
DAUER: **4:00 H**
ANSTIEG: **1081 HM**
ANSPRUCH: **MITTEL**

Zunächst fahren wir mit dem Schiff über den Königssee im Süden von Berchtesgaden zur Anlegestelle St. Bartholomä **01**. Von dort wandern wir Richtung Süden über die Schuttreissen des Eisbachs zur Felswand des Burgstalls. An den Felsen entlang in Kehren recht steil bergauf bis zur Schrainbachalm **02**.

Etwas weniger steil weiter durch Wald hinauf, vorbei an der Abzweigung **03** zum Trischübelpass und über offenes Almgelände linkshaltend, bis man unter die Felsabstürze des Simetsbergs gelangt.

Nun die schon länger sichtbare, kehrenreiche Saugasse hinauf, ein Steig, der sich zwischen den Felsen hochschlängelt und sehr der Sonne ausgesetzt ist. Haben wir die obere Almfläche erreicht, passieren wir im Gebiet der ehemaligen Oberlahneralm **04** die zweite Abzweigungsmöglichkeit zum Trischübel. Wir wandern jetzt relativ gemächlich hoch zum Funtenseesattel, wo man in der Senke das Kärlingerhaus **05** erblickt, das nach wenigen Minuten erreicht ist.

Abstieg wie Aufstieg. Für den Rückweg gibt es für trittsichere und ausdauernde Geher auch noch die Möglichkeit der Variante über die Sigeretplatte. Dieser Steig, der die Saugasse umgeht, ist allerdings nur Geübten vorbehalten, da er über teils steile und ausgesetzte Holzstufen am Fels entlangführt.

47

Die Routen für unterwegs

Für das Navigationsgerät deiner Wahl haben wir alle Touren als GPX-Track zum Download.

Du planst und navigierst lieber digital? Dafür haben wir alle Touren auf unserer Webseite für dich:

www.kompass.de/gpx-daten

Damit kommst du direkt zum Download-Bereich. Einfach das richtige Produkt auswählen, herunterladen und auf das Zielgerät oder in die gewünschte App importieren.

GPX-Track

GPX ist ein Datenformat für Geodaten. Mit einem GPX-Track bekommst du die rote Linie, also den Pfad, als geografische Koordinaten.

Kennst du schon...

Dein Augenblick

Endlich

Das sind wir

KOMPASS

Wegweisend: der KOMPASS-Verlag

KOMPASS-Produkte sind für Entdecker, Abenteurer und Menschen mit Tatendrang. Ob spontan aufbrechen oder mit einem klaren Ziel vor Augen, ankommen will jeder und jede. Dafür machen wir seit 1953 Outdoor-Produkte.

Mitwirkende

Ein Werk von Nord bis Süd geht nur in guter Zusammenarbeit. Dieser Führer entstand aus dem großen Bestand an Touren, die von unseren Wanderführer-Autorinnen und -Autoren laufend erstellt werden. Ihnen allen gilt dafür ein herzliches Dankeschön:
Wolfgang Heitzmann, Michael Will, Sylvia & Thilo Behla, Lisa Aigner, Raphaela Moczynski, Norbert Forsch, Astrid Sturm, Walter Theil, Elke Haan, Brigitte Schäfer, Siegfried Garnweidner, Christian Schneeweiß, Klaus Harnach, Stephan Bernau und Bernhard Pollmann (†).

Bildnachweis
Walter Theil S.127, S.147, S.199, S.203; Brigitte Schäfer: S.167, 208; stock.adobe.com: © JüNick: S.19; © sunset man: S.23; © thinglass: S.27; © textag: S.31; © creativenergy.it: S.35; © kentauros: S.35; © stylefoto24: S.43; © Loulou02: S.47; © Sandra van der Steen: S.51; © Aljoscha: S.55; © Rattana: S.59; © swen_stroop: S1 (u. link) S.63; © Adrian72: S.66/67; © ferkelraggae: S.71; © Sandro: S.75; © Maximilian: S.79; © Lustre: S.1 (mi. rechts), S.83; © m.letschert: S.87; © Claudia Nass: S.91; © Andy Ilmberger: S.95; © Worldillustrator: S.99; © HeinzWaldukat: S.103; © Björn Wylezich: S.107; © erika8213: S.111; © Demencial Studies: S.115; © pikoso.kz: S.119; © Anze: S.123; © photo_costin: S.131; © adellyne: S.1 (o. rechts), S.135; © Markus_Moments: S.139; © Maya: S.151; © jarek106: S.155; © Jesse B/peopleimages.com: S.159; © Sabine Schönfeld: S.163; © outdoorpixel: S.171; © CaptainMCity: S.175; © Manfred Richter: S.179; © modernmovie: S.183; © Sina Ettmer: S.187; © eugen: S.191; © ttoennesmann: S.195; © inimalGraphic: Rückseite; kl. Icon Glühbirne;

Impressum

Karl-Kapferer-Straße 5, A-6020 Innsbruck

1. Auflage 2023 (23.01)
Verlagsnummer 1470
ISBN 978-3-99121-860-9

Konzept: Thomas Kargl © KOMPASS-Karten GmbH
Grafische Herstellung: KOMPASS-Karten unter der Leitung von Mirjam Salzburger
Projektleitung: Julia Flory
Text: KOMPASS-Karten Autor:innen (s. Mitwirkende) und Wolfgang Heitzmann
Grafische und Kartografische Herstellung: © KOMPASS-Karten GmbH
Kartenausschnitte: © KOMPASS-Karten GmbH unter Verwendung OpenStreetMap Contributors (www.openstreetmap.org)
Titelbild: Design von Mirjam Salzburger, KOMPASS-Karten GmbH
Rückseite Cover: stock.adobe.com © kues1

Alle Angaben und Routenbeschreibungen wurden nach bestem Wissen gemäß unserer derzeitigen Informationslage gemacht. Die Wanderungen wurden sehr sorgfältig ausgewählt und beschrieben, Schwierigkeiten werden angegeben. Es können jedoch Änderungen an Wegen und im aktuellen Naturzustand eintreten. Wanderer und alle Kartenbenützer müssen darauf achten, dass aufgrund ständiger Veränderungen die Wegzustände bezüglich Begehbarkeit sich nicht mit den Angaben in der Karte decken müssen. Bei der großen Fülle des bearbeiteten Materials sind daher vereinzelte Fehler und Unstimmigkeiten nicht vermeidbar. Die Verwendung dieses Führers erfolgt ausschließlich auf eigenes Risiko und auf eigene Gefahr, somit eigenverantwortlich. Eine Haftung für etwaige Unfälle oder Schäden jeder Art wird daher nicht übernommen. Für Berichtigungen und Verbesserungsvorschläge ist die Redaktion stets dankbar. Korrekturhinweise bitte an folgende Anschrift:
KOMPASS-Karten GmbH, Karl-Kapferer-Straße 5, A-6020 Innsbruck
www.kompass.de/service/kontakt

Danke, ...

dass du ein Produkt kaufst, das verantwortungsvoll
und nachhaltig produziert wurde.

FSC®
www.fsc.org
MIX
Papier | Fördert
gute Waldnutzung
FSC® C018236

KOMPASS